Gunter Haug

TAUBER-SCHWARZ

Inhalt

Ein Selbstmörder, der sich von Europas höchster Autobahn-Brücke – der Kochertalbrücke – stürzt. Für Polizei und auch Kriminalkommissar Horst Meyer ist schnell klar: Tragisches Ende eines Menschen, der immer tiefer in Depressionen verfallen ist.

Ein Trugschluss wie sich im darauffolgenden Jahr beim sommerlichen Radurlaub der Meyers im Hohenlohischen herausstellen soll. Denn der längst abgeschlossen geglaubte Fall ist plötzlich wieder gegenwärtig. Merkwürdige Gestalten auf dem Campingplatz, das Grabtuch Christi in einer ro-manischen Kapelle sowie eine im Taubertal agierende Sekte versetzen den Kommissar samt Familie in einen Strudel religiösen Wahns, finsterer Intrigen und krimineller Handlungen.

Anstelle von gemütlichen Weinproben und sonstigem Urlaubsvergnügen nimmt ein Gänsehaut erregendes Katz-und-Maus-Spiel seinen rätselhaften Lauf.

**Schwabenkrimis im Armin Gmeiner Verlag:
die mit dem besonderen Pfiff!**

Gunter Haug hat nach einem guten Dutzend Büchern zur Landesgeschichte jetzt bereits seinen sechsten Kriminalroman vorgelegt. Schon seine bisherigen Krimis »Tiefenrausch«, »Riffhaie«, »Sturmwarnung«, »Todesstoß« und »Höllenfahrt« sind bei den Rezensenten auf begeisterte Zustimmung gestoßen.

Gunter Haug

TAUBER-SCHWARZ

Kriminalroman

Die Deutsche Bibliothek – CIP-Einheitsaufnahme
Haug, Gunter:
Tauberschwarz / G. Haug. -
Meßkirch : Gmeiner, 2002
(Reihe Schwabenkrimi)
ISBN 3-926633-53-0

http://www.gmeiner-verlag.de
eMail: info@gmeiner-verlag.de

© 2001 – Armin Gmeiner Verlag,
Ehnried-Hof, 88605 Meßkirch
Alle Rechte vorbehalten
1. Auflage 2002
Lektorat: Isabell Michelberger, Meßkirch
Umschlaggestaltung: Frank Heine, Stuttgart
Gesetzt aus der 10/14 Punkt Stempel Garamond
Druck: Elsnerdruck GmbH, 10722 Berlin
Printed in Germany
ISBN 3-926633-53-0

Aber der Herr sah, dass der Menschen Bosheit groß
war auf Erden und alles Dichten und Trachten nur böse
war immerdar ...

(1. Mose 6)

... und noch eine – aus gegebenem Anlass – ganz besonders wichtige Vorbemerkung: Es ist wieder (wie immer
halt) alles rein fiktiv!

Kapitel I

Wie ein riesiges weißes Leichentuch breitete sich der kalte feuchte Nebel zäh und undurchdringlich über dem Land aus. Alles Leben schien mit bleierner Langsamkeit unter einer tödlichen Last zu erstarren. Die wenigen Geräusche, die, wenn sie überhaupt noch zu hören waren, drangen merkwürdig gedämpft, ja beinahe erstickt durch die unerbittliche Dunkelheit. Ein undefinierbares deprimierendes Durcheinander aus Molltönen – gerade so, wie in diesem schrecklichen Augenblick, wenn der letzte Laut, der sich qualvoll dem Hals des Opfers entringen will, in eben jenem Sekundenbruchteil hoffnungslos im Kehlkopf stecken bleibt, weil der Täter die tödliche Umklammerung verstärkt hat und nunmehr unbarmherzig zudrückt ...

Eine Gänsehaut lief bei diesen düsteren Gedanken seinen Rücken hinauf. Unwirsch fuhr sich der junge Mann mit dem Handrücken über die Stirn, während er weiterhin angestrengt durch die Windschutzscheibe seines Wagens spähte und mit zusammengekniffenen Augen versuchte, die milchige Nebelwand vor ihm auf der Autobahn zu durchdringen. »Da sieht man nicht mal mehr die Hand vor Augen, das ist ja nur noch eine einzige zähe Suppe! Wir müssten ja jetzt wohl grade auf Höhe der Kochertalbrücke sein, wenn ich das richtige sehe, oder! Wenn ich überhaupt was sehe. Aber so! Na ja, die Nebelscheinwerfer kannst du auch glatt ver-

9

gessen. Eigentlich sollte man anhalten und warten, bis der Spuk vorüber ist, was meinst du?«

Als die Antwort ausblieb, drehte sich der Wagenlenker ärgerlich zur Beifahrerseite hinüber. Doch die junge Frau neben ihm, die mit auf dem Handschuhfach ausgestreckten Beinen tief in ihren Sitz gesunken war, hatte die Frage ganz offensichtlich nicht mitbekommen. Mit geschlossenen Augen lag sie da und atmete langsam durch die leicht geöffneten Lippen.

»Na, so kann man es natürlich auch machen!«, grummelte der Fahrer verstimmt vor sich hin. »Die einen fahren sich um Kopf und Kragen, während die anderen den Schlaf des Gerechten schlafen und sich bequem durch die Gegend kutschieren lassen!« Wieder warf er einen Blick auf seine rechte Seite. Ein leichtes selbstgefälliges Lächeln huschte nun über sein Gesicht, als er das Mädchen so neben sich liegen sah. Doch, da hatte er vor knapp zwei Wochen keine schlechte Eroberung gemacht, ganz und gar nicht. Die Sabine war schon ein richtiger Wonneproppen, jung, schlank, gut gebaut und mit nicht enden wollenden Beinen, die sie zu seiner großen Freude auch so gut wie gar nie hinter einer Hose versteckte. Wäre ja auch schade gewesen, bei diesen Proportionen! Er streckte die Hand aus und streichelte damit zärtlich über den Schenkel seiner nächtlichen Begleiterin. Wie schön weich und seidig sich das anfühlte! Immer weiter ließ er die Hand nach oben wandern, unter den Rocksaum, weiter nach oben, weiter nach innen ...

»Sven, lass das!« Mit einem Ruck richtete Sabine sich kerzengerade auf und wischte die Hand des jungen Mannes von ihrem Schenkel. Ärgerlich zog sie ihren Rock wieder nach unten und musterte den Fahrer mit strengem Blick. »Du solltest lieber auf die Straße schauen, als an mir herumzufummeln! Du weißt doch ganz genau, wie schnell etwas passieren kann – und ich habe keine Lust, morgen als Discounfall Nummer 398 in der Zeitung zu stehen!«

»Du meine Güte! Ist ja schon gut«, knurrte Sven säuerlich. Dann eben nicht! Missmutig stierte er in die undurchdringliche weiße Watte, die den Wagen auf allen Seiten umschloss. Ein wunderschöner Abend! Er runzelte die Stirn und fluchte leise vor sich hin. »Mist verdammter! Da kannst du ja gleich die Augen ganz zumachen, da siehst du dann auch nicht weniger als jetzt.«

Aus den Augenwinkeln spähte er verstohlen auf seine rechte Seite. Doch Sabine zog es ganz offensichtlich vor zu schweigen und die Witterungsverhältnisse nicht weiter zu kommentieren. Ob sie es wohl gerade bereute, mit ihm heute Abend ausgegangen zu sein? Und wenn ja: Was um alles in der Welt hatte sie denn von ihm erwartet? Sollte er etwa auch noch Kopfstände machen oder die Dame mit Lachs und Kaviar verwöhnen? Verdammt! Er konnte ja schließlich auch nichts dafür, dass es da draußen so zäh vorwärts ging. Wären sie lieber die paar Kilometer nach Crailsheim in die Disco gefahren, das hätte doch eigentlich auch gereicht. Aber nein, er hatte ja etwas ganz Besonderes bieten müssen, und so war man schließlich bis nach Heilbronn gedüst. War ja auch ganz nett gewesen der Abend, bis jetzt eben ... Aber nun war seine Begleiterin ganz offenkundig müde und zu allem Überfluss auch noch ziemlich gereizt – allerdings ganz anders gereizt, als er sich das ausgerechnet hatte.

Samstags auf der Autobahn! Genau! »Ich möcht' so gern Dave Duddley hörn, Hank Snow und Charlie ...« plärrte die tiefe Stimme des »Truck Stop«–Sängers aus dem Autoradio.

»Wie originell!« Sven schüttelte unwirsch den Kopf. Nein, nicht auch das noch. Er tastete mit dem rechten Arm nach dem Einstellknopf des Autoradios. Na, wo war der denn mit einem Mal? Ja sag mal bloß! Irritiert fuhr er mit der Handfläche über die Instrumentenschalter unterhalb der Windschutzscheibe. Ach so, na klar! Sie hatten für die Fahrt nach Heilbronn ja Sabines Wagen genommen, weil auf diesem schon die Winterreifen montiert waren. Sabine hatte darauf bestanden, man konnte ja um diese Jahreszeit schließlich nie wissen. Ganz offensichtlich hatte das Mädchen ein etwas übersteigertes Sicherheitsbedürfnis, aber Sven hatte keine Chance gehabt sich durchzusetzen. Also, wo war das verdammte Teil denn nun ... Aha, da sah er den Knopf für den Sendersuchlauf.

»Sven! Um Gottes willen! Vorsicht! Da vorne!!«

Der Wagen kam ins Schlingern, die Reifen quietschten, während Sven mit beiden Händen krampfhaft das Lenkrad umklammert hielt und mit verzweifeltem Blick versuchte, das Fahrzeug wieder zu stabilisieren. Kalter Schweiß lief ihm den Rücken hinunter, die Anspannung des Augenblicks ließ sein Herz rasen. Die Gedanken schossen panikartig durch sein Gehirn: Verdammt, weshalb hatte er nie ein Fahrsicherheitstraining absolviert? Bremsen oder langsam vom Gas gehen? Voll in die Eisen steigen oder stotternd das Pedal betätigen? Hatte Sabines Wagen überhaupt ABS – konnte er es riskieren?

Gott sei Dank! Sven merkte, wie sich die Schlingerbewegungen des Fahrzeugs allmählich abschwächten: Er bekam das Auto wieder in Griff!

Der junge Mann atmete tief durch und lockerte langsam seine verkrampften Finger. Dann wischte er sich das schweißnasse Gesicht an der Schulter ab. Noch immer wagte er nicht, das Lenkrad auch nur mit einer Hand loszulassen. Unsicher spähte er aus den Augenwinkeln zu Sabine hinüber. Das Mädchen saß blass auf dem Beifahrersitz und rang mit der Fassung.

»Was war denn das eigentlich?«, wagte Sven zögernd die Frage. »Ich habe gar nichts mitbekommen. Erst als du so laut geschrien hast ...«

»Was da war?!« Sabine schüttelte beklommen den Kopf. »Du hättest fast jemanden über den Haufen gefahren! Du bist da ganz allmählich nach rechts gedriftet und da ... da stand plötzlich einer!« Noch immer konnte man das panische Entsetzen dieses Augenblicks an Sabines Miene ablesen.

»Wie? Was heißt das, da war einer?«

13

»Na, wie ich es gesagt habe: Da stand plötzlich jemand auf dem Seitenstreifen, und den hättest du beinahe überfahren! Ich meine sogar, du hast ihn noch mit dem Außenspiegel gestreift! Ein paar Millisekunden später und der wäre tot gewesen ...« Sie brach ab und starrte vorwurfsvoll in das Gesicht des Wagenlenkers.

»Jetzt mach aber mal einen Punkt! Was hat der denn aber auch nachts auf der Autobahn herumzulaufen? Das ist doch Wahnsinn!« In Sven stieg nun, nachdem der erste Schock verdaut war, allmählich bitterer Ärger auf. »So ein Idiot! Wenn der sich unbedingt umbringen will, dann soll er gefälligst nicht auch noch andere mit hineinziehen!« Wütend ballte er die Faust. Also der Abend war für ihn gelaufen. Endgültig!

»Sollten wir nicht anhalten und nachschauen, was da gewesen ist?«

»Anhalten!« Der junge Mann schnaubte wütend. »Sonst noch was! Und dann kommt womöglich einer und fährt mich über den Haufen! Nur, weil irgend so ein Lebensmüder meint, er müsse hier mitten in der Nacht auf der Autobahnbrücke herumturnen!«

»Und wenn es wieder einer war, der von der Brücke springen will?« Mit ängstlich bittender Miene sah Sabine in das Gesicht ihres Begleiters. »Dann müssen wir doch anhalten und ihm helfen ...«

»Helfen!« Sven spuckte den Begriff förmlich aus dem Mund. »Helfen! Nein, danke! Ohne mich! Und nachher kommt dann auch noch die Polizei daher, und ganz am Ende bin dann womöglich ich auch noch an allem schuld! Sonst noch was!« Entschlossen hieb er mit der flachen Hand auf das Lenkrad und trat wie zur Bekräftigung seines festen Willens das Gaspedal durch bis zum Anschlag.

Schweigend und in Gedanken versunken nahmen sie so das letzte Stück ihres Heimweges in Angriff. Was mochte das gerade vorhin bloß gewesen sein? Wenn da überhaupt etwas gewesen war ...

Kapitel II

»Scheißdreck!« schimpfte die dunkle vermummte Gestalt und griff sich an den linken Oberarm. »Der Blödmann hätte mich um ein Haar überfahren!«

»Dann pass halt auf, du Vollidiot!«, zischte der zweite Mann zornig zurück. »Das hätte uns jetzt grade noch gefehlt, dass da irgend so ein Dummkopf auf uns zubrettert und dann womöglich meint, den barmherzigen Samariter spielen zu müssen. Also, auf jetzt! Bringen wir's hinter uns!«

Damit deutete er mit dem ausgestreckten Arm auf ein vor den beiden auf dem Asphalt liegendes großes graues Bündel und winkte den anderen zu sich. »Oder bist du etwa verletzt?«

»Nein, Gott sei Dank! Der hat mich nur am Mantelzipfel gestreift! Haarscharf, aber wirklich, haarscharf ist er an mir vorbeigerauscht!« Der beinahe Überfahrene drückte sich die schwarze Baseballmütze tiefer in die Stirn und zog anschließend den dunklen Schal über den Mund hoch bis an die Nase. »Also dann, es kann losgehen!«

Der zweite klappte die mitgebrachte vierstufige Haushaltsleiter aus und beugte sich zu dem großen grauen Bündel hinunter, das er an seiner einen Seite packte und mühsam emporzog. »Verflixt! Was muss der Kerl denn auch so furchtbar schwer sein?!«

»Nur keine Angst. Das schaffen wir schon.«, beschwichtigte der andere. »Irgendwann müssen sich die Stunden im Fitness-Studio ja schließlich auch mal aus-

16

zahlen.« Auch er bückte sich nun herunter und machte sich am anderen Ende des Bündels zu schaffen. »Verdammt noch mal, der wiegt ja wirklich mehr als zwei Zentner!«

»Eben! Sag ich doch! Also, ich zähle bis drei und dann muss ich ihn auf der Schulter haben, klar?«

»Klar!«

»Achtung!« Kaum war der Schrei verklungen, hatten sich die beiden Männer an die metallene Verkleidung der Kochertalbrücke gedrückt und die Köpfe abgewandt, als auch schon ein Lastwagen mit tiefem Dieselbrummen an ihnen vorbeidonnerte.

»Was will der denn heute Abend hier? Der darf doch samstagnachts gar nicht fahren!«

»Kann, will, darf! Der ist aber Samstagnacht gefahren, und damit basta! Also, jetzt!«

Beide holten noch einmal tief Luft. »Eins, zwei, drei …«

Keuchend und vor Anstrengung stöhnend schafften es die beiden, das schwere graue Bündel hochzuhieven und dem mit einem Bein bereits auf der Klapptreppe stehenden Mann über die Schulter zu legen. »Uff!« ging der mit seiner schweren Last bepackte leicht in die Knie und schwankte bedenklich. »Jetzt halt mich doch um alles in der Welt fest und steh nicht nutzlos da herum, als wärst du im Urlaub!«

»Mach ich doch! Hättest halt gleich mich ranlassen sollen!«, brummelte der andere missmutig. »Aber nein, alles selber machen wollen! Typisch Siggi!«

»Halts Maul! Keine Namen!«, zischte der Siggi Genannte böse. »Das haben wir nun doch schon hundert Mal besprochen!«

»Wer soll uns denn hier hören? Mitten in der Nacht auf einer Autobahnbrücke! Blödsinn!«

Wieder schwankte der schwer Beladene bedenklich. »Der Teufel ist ein Eichhörnchen! Ich hab schon Pferde kotzen sehen, sag ich dir!«

Wie zur Bestätigung dieser Aussage drang mit einem Mal ein tiefes qualvolles Stöhnen unter dem dicken grauen Stoff des Bündels hervor. »Da! Bitte! Jetzt kommt der womöglich auch noch zu sich! Beeilung!«

Auch die bisher eher gelangweilt dastehende Gestalt entwickelte plötzlich hektische Aktivität. »Also, ich halte dich fest und dann gehst du langsam hoch. Ein Schritt nach dem anderen! Ganz langsam!«

Schwer atmend schwankte der Mann mit seiner unförmigen Last nach oben. »Halt bloß die Leiter fest! Die schwankt ja granatenmäßig!« Unsicher und mühsam nahm er die Stufen – eine um die andere. »Wie schaut's aus? Siehst du was? Ich müsste doch gleich oben sein!«

»Moment noch: Gleich!« Er schob seinen Kumpanen vorsichtig, aber bestimmt weiter die Leiter hoch. »So! Achtung! Jetzt kommt gleich der Überhang! Geh mal mit dem Oberkörper etwas nach hinten!«

»Du hast gut lachen!«, keuchte der andere und nahm vorsichtig die letzte Stufe. Erschöpft verharrte er einen Augenblick auf der schmalen Plattform der Leiter.

Wieder dieses Gänsehaut erregende Stöhnen! Es schien sogar, als würde sich das unförmige graue Bündel plötzlich verformen – sich bewegen!

»Jetzt schnell! Komm! Beeilung!«, winkte der oben Stehende den zweiten zu sich auf die Leiter.

»Hoffentlich hält das Ding dieses Gewicht aus!«, murmelte dieser skeptisch, beeilte sich jedoch mit dem Hochklettern.

Die Bewegungen des Bündels, begleitet von neuerlichem tiefem Stöhnen, verstärkten sich.

»Mach, schnell! Heb ihn an und leg die obere Hälfte auf die Brüstung!«

»Leichter gesagt als getan! Da, die Stufe biegt sich ja schon durch!« Panik schien den Helfer zu ergreifen, während er sich mit hektischen Bewegungen an dem Bündel zu schaffen machte.

»Auf los, dann! Schneller! Mach zu!«

Undefinierbare Laute waren durch den dicken Stoff zu vernehmen, doch keiner der Männer beachtete sie in diesem Moment. Mit äußerster Anstrengung gingen sie an den letzten Teil ihres Vorhabens.

»Geschafft! Er liegt drauf! Na endlich!«

»Dann weiter jetzt! Heb das andere Teil jetzt von meiner Schulter! Eins! Zwei! Drei!«

Mit einem derben Fluch zwischen den zusammen gepressten Zähnen hievten sie das Bündel schließlich so auf das Metallgitter der Brückenbrüstung, dass es mit einer langsamen Schaukelbewegung dort auf- und abpendelte. Und nun hörten sie es wieder: Dieses grauenvolle gequälte Stöhnen eines angsterfüllten Menschen, gefangen zwischen Schmerz und Todesahnung!

»Vorsicht! Dreh dich um! Da kommt wieder so ein dicker Brummer!«

Kaum hatten sie die Gesichter abgewandt, dieselte ein weiterer LKW an den beiden Männern vorbei.

»Schon wieder so einer! Unglaublich!«, schüttelte der Lastenträger von vorhin ärgerlich den Kopf. »Als wenn die alle verderbliche Ware ausfahren würden!«

»Du Siggi«, begann der andere zögerlich, während er mit nachdenklicher Miene das nur schemenhaft zu erkennende graue Bündel fixierte, das sie auf den Metallzaun geschoben hatten.

»Wie oft denn noch?! Keine Namen!«, zischte Siggi. »Was ist denn noch?« Ärgerlich nahm er seinen Helfer ins Visier.

»Du, also ich weiß nicht so recht ...« Er nahm allen Mut zusammen und deutete mit dem Zeigefinger auf das Bündel, in dem sich immer deutlicher zuckende Bewegungen ausmachen ließen. »Also, wenn wir das jetzt tun, dann gibt es kein Zurück mehr! Da geht's ja mehr als hundert Meter in die Tiefe! Das ist dann kein Totschlag mehr, der lebt ja schließlich noch! Das ist dann Mord! Nichts anderes als Mord!«

Siggi lachte trocken. »Da kommst du aber früh auf den Trichter, mein Freund! Nein, jetzt ist's zu spät – jetzt gibt es kein Zurück mehr!« Er streckte sich und löste mit einem raschen Handgriff den Knoten des um den Sack gespannten Seils. Während er mit der anderen

Hand das graue Tuch festhielt, drückte er energisch nun auch das in der Luft baumelnde Ende auf das Gitter. Ein kurzes boshaftes Lachen, ein trockenes ratterndes Geräusch, und begleitet von einem angstvoll-erstickten Todesschrei rollte ein Körper aus dem dicken grauen Stoff und verschwand augenblicklich in der milchig-dunklen Oktobernacht. Zwei, drei Sekunden schien es zu dauern, während der Schrei immer weiter und schneller in die Tiefe raste. Ein dumpfes Ploppen und danach herrschte Stille. Tödliche gnadenlose Stille über dem sonst so romantischen Kochertal.

Der Täter musterte seinen Gefährten mit einem durchdringenden Blick aus seinen eisgrauen Augen, der jeglichen Kommentar bereits im Keim zu ersticken schien. Ohne ein weiteres Wort griff er sich die Klappleiter und nickte mit dem Kopf entschieden zum Ende der Brücke hinüber, wo sie vor der Tat ihren Wagen abgestellt hatten. Der Helfer nickte müde und niedergeschlagen. Mit leichenblasser Miene folgte er dem Mörder durch den Nebel zum Ausgangspunkt zurück. Sie hatten es getan – sie hatten es wirklich getan! Siggi hatte seine Drohung in die Tat umgesetzt! Sie hatten einen Menschen auf dem Gewissen! Sie hatten einen Menschen umgebracht!

Kapitel III

Langsam, fast schon widerwillig schienen sich die Nebelschwaden nur aus der Talaue zwischen Braunsbach und Geislingen am Kocher heben zu wollen. Nur ganz allmählich brach von oben die Sonne durch. Auf der Höhe, das konnte man erahnen, musste bereits strahlender Sonnenschein herrschen, doch hier in der feuchten Niederung dauerte es Anfang November erfahrungsgemäß immer ein bisschen länger, bis der Nebel kapitulierte.

Mit seinem gewohnt gleichmäßigen, gemütlichen Tuckern zuckelte der alte grüne Traktor über den Feldweg neben der Kreisstraße. Dick eingemummt in Pullover und Pudelmütze drückten der Bauer und sein Enkel die frierenden Nasen tief auf die Brust. Die nasse Kälte ging einem durch Mark und Bein, da konnte man sich so warm anziehen, wie man wollte.

»Na, Christian, sollen wir lieber umdrehen?«, warf der Landwirt einen besorgten Blick auf den sechsjährigen Jungen, der seinen Großvater heute Morgen unbedingt beim Grasholen für die Milchkühe – wohl dem letzten in diesem Jahr– hatte begleiten wollen.

»Hm, mh!« schüttelte Christian energisch den Kopf und hob das Gesicht mit der rotgefrorenen Nase. »Bin doch kein Baby, Opa!«

»Na, dann ist ja alles gut!«, grinste der Bauer. »Was uns nicht umbringt, macht uns nur härter, sag ich schließlich auch immer wieder!« Anerkennend klopfte er dem Buben auf die Schulter. »So – gleich sind wir da. Und guck mal, die Sonne hat es jetzt auch gleich geschafft!«

In der Tat hatten sich die Nebelschwaden nun in Windeseile verzogen – im wahrsten Sinn des Wortes. Die Wiese, von der sie das Gras für die Kühe abmähen wollten, präsentierte sich in frischem saftigem Grün. »Wie im Werbefernsehen, gell! Da will man direkt selber Kuh sein, so appetitlich sieht das aus! Was ist denn Christian?«

Mit gerunzelter Stirn spähte der Bauer in die Richtung, wohin Christian seinen Arm ausgestreckt hatte, nachdem er von seinem Sitz aufgesprungen war. Aufgeregt deutete er auf einen Fleck in der Wiese. »Da Opa! Schau doch mal! Da liegt was! Sieht ja ekelig aus! Ganz rot und matschig! Ein totes Reh oder so was Ähnliches!«

»Schon wieder! Dass diese Autofahrer aber auch immer rasen müssen wie die Bekloppten! Ja, warte mal«, angestrengt kniff er die Augen zusammen, während sie sich der Stelle langsam näherten. »Das sieht aber nicht aus wie ein totes Reh, eher ...« Im selben Moment, als ihn die Erkenntnis urplötzlich erfasste, riss er seinen Enkel zu sich her und drehte den Kopf des sich zunächst energisch wehrenden Jungen in die entgegen gesetzte Richtung.

»Christian, nein! Lass das! Das ist nichts für dich! Das ist kein Reh! Das ist ein Mensch – ein Toter, der da vorne in der Wiese liegt! Guck bitte nicht mehr hin! Es

Es ist nämlich weiß Gott kein schöner Anblick!« Er barg den Kopf des Jungen an seiner Brust und wendete den Traktor kopfschüttelnd. »Schon wieder einer! Diese elende Brücke! Jetzt haben sie da doch extra das hohe Geländer hinmontiert, dass keiner mehr runterspringen kann, und trotzdem passiert es immer wieder!«

Langsam nahm der Traktor seinen Weg zurück ins Dorf. Dort würde dann passieren, was immer passierte in solchen Fällen: Telefonnotruf, Feuerwehr, Polizei, Arzt, Leichenwagen, Routine-Ermittlungen, ein trauriges Ende ...

Kapitel IV

»Da guckt, da vorne bin ich im letzten Herbst auch schon einmal gewesen!« Freudestrahlend deutete Horst Meyer von seinem Fahrradlenker aus nach vorne und ließ sich die warme Augustsonne auf die Nase scheinen. »Das da, das ist die Kochertalbrücke, die höchste Autobahnbrücke von ganz Europa!«, wandte er sich an Fabian und Nina, die beiden Kinder der Meyers, die sich zusammen mit Horst und Ehefrau Claudia für heute von Schwäbisch Hall aus die Radtour entlang des Flüsschens Kocher vorgenommen hatten. Das heißt, genauer gesagt, war die Tour von den beiden Eltern geplant und von den zwei Kindern mit griesgrämigem Gesicht in Angriff genommen worden. Radfahren, mitten im Sommer und bei der Affenhitze – so etwas Abartiges konnte halt nur Erwachsenen einfallen. Anstatt gemütlich im Freibad zu liegen und im kühlen Wasser zu plantschen musste man sich die Seele aus dem Leib heraus strampeln und schwitzen bis zum Umfallen! Mal wieder typisch für die Alten! Aber es half alles nichts: Die saßen halt (noch!) am längeren Hebel und so musste man als neunjähriger Junge beziehungsweise sechsjährige Tochter eben mit auf die Zweirad-Tortour! Gute Miene zum bösen Spiel machen, war da angesagt! Aber jetzt auch noch das: Die üblichen besserwisserischen Erklärungen des Vaters! Heimatkunde auf dem Drahtesel! Nie und nirgendwo hatte man seine Ruhe vor den Erkenntnissen des Alten, der in seinem missionarischen Eifer offenbar selbstredend davon ausging, dass alles, was ihn in landeskundlicher Hinsicht interessierte, quasi zwangsläufig auch für den Rest der Familie von Interesse sein müsse.

»Papa, bitte!«, sandte Fabian einen gequälten Blick nach vorne. »Bitte frag jetzt nicht, wie hoch die verdammte Brücke ist! Ich weiß es sowieso nicht – und im Übrigen ist es mir auch scheißegal!«, fügte er den letzten Halbsatz noch leise hinzu. Leise genug vorsichtshalber, damit es dem wandelnden Lexikon namens Vater Meyer nicht hatte an die Ohren dringen können.

»Was hast du gemeint, mein Sohn?«, hakte »Hotte« Meyer denn auch ohne den geringsten Argwohn im Hinterkopf freundlich nach. Offensichtlich war er in seiner Verblendung davon ausgegangen, dass da eventuell vielleicht doch ein Fünkchen Interesse an der Höhe einer simplen Betonbrücke im Hirn des Filius herumspuken könnte.

»Ach nix! Vergiss es!«, musste ihn dieser jedoch enttäuschen, während er vielsagend die Augen verdrehte und die Kombination aus Schwester und Leidensgenossin namens Nina mit einem genervten Stirnrunzeln bedachte.

Claudia, die auch die feineren Verästelungen des Disputs in durchaus hörbarer Entfernung hatte mitverfolgen können, es aber im entscheidenden Moment vorgezogen hatte, zu schweigen, lachte nun prustend los. »Also gut, ihr zwei Banausen, dann stelle ich heute eben mal die Frage, auf die ihr doch schon die ganze

26

Zeit gewartet habt. Also, wie hoch ist die Kochertalbrücke? Was meint ihr?«

»Mama! Jetzt nicht auch noch du!« Nina hatte ihr Fahrrad gestoppt und schüttelte missbilligend den Kopf.

»Ja wieso denn nicht? Also komm, Fabian. Das habt ihr doch sicher schon mal in Heimatkunde gehabt, wie hoch die Kochertalbrücke ist. Wie gesagt, es ist ja immerhin die höchste von ganz Europa«, versuchte Claudia, die Begeisterung ihres Sohnes für Rekorde aller Art zur Beantwortung ihrer Frage auszunutzen.

Doch die Replik fiel anders aus als erwartet. »Wir haben gar keine Heimatkunde!«, verkündete der Sohn mit triumphierendem Lächeln.

»Da siehst du es wieder mal! Typisch Schule heutzutage! Typisch Lehrer!«, polterte Hotte postwendend darauf los. Gerade so, als habe er auf dieses Stichwort nur gewartet. Das war Wasser auf seine Mühlen – zum wiederholten Male! »Na bitte, sie bringen den Kindern bei, wie die Hauptstadt von Waggaduggou heißt oder wie viel Affen am Kilimandscharo leben und wie hoch der Schnee am Popocatepetl liegt! Aber die Kochertalbrücke«, Horst schnaubte verächtlich durch die Nase, »nein, das ist den Herrschaften zu popelig!«

»Aber Papa«, sandte Fabian einen vorwurfsvollen Blick in Richtung seines Vaters. »Hör doch erst mal zu! Es heißt nicht Heimatkunde, das ist Hus, so heißt das Fach!«

»Huss?« Horst legte irritiert die Stirn in Falten. »Was soll das denn heißen? Huss! Was ist denn das

27

für ein Name? Kannst du was damit anfangen, Claudia?«

Claudia konnte. Ein amüsiertes Lächeln spielte um ihre Mundwinkel. »Da bitte, da haben wir es wieder. Du kümmerst dich halt einfach zu wenig um die Kinder und ihre Hausaufgaben. Nein, sag jetzt lieber nichts«, erstickte sie den Protestversuch ihres Mannes schon im Keim. »Wenn das nämlich so wäre, wie du es behauptest, dann wüsstest du auch, dass mit »HuS« – übrigens nur mit einem S geschrieben: groß H, klein u, groß S, um ganz genau zu sein – nichts anderes als Heimat- und Sachkunde gemeint ist, so einfach ist das!«

»Blöder Name«, brummelte Horst, den es gewaltig wurmte, dass er so unbedacht losgepoltert war und sich – vor den Kindern – diese Blöße gegeben hatte. »Hauptsache ein neuer Begriff – und schon ist alles paletti! Wundert mich nur, dass sie nicht gleich was Englisches genommen haben: Countrylife oder so was ...«

»Horst! Jetzt mach aber mal halblang«, unterbrach ihn Claudia lachend. Natürlich hatte sie bemerkt, wie sich ihr Angetrauter immer mehr in seinen Versuchen verheddterte, den geordneten Rückzug anzutreten. »Also Kinder, wer weiß denn nun, wie hoch die Kochertalbrücke ist? Ungefähr wenigstens?« Forschend sah sie in Richtung des neunjährigen Fabian.

»Nicht ungefähr! Ich weiß es genau: 185 Meter!«, grinste der triumphierend in die Runde. »Sonst noch irgendwelche Fragen?« Damit schwang er sich wieder auf sein Fahrrad und trat kräftig in die Pedale.

Die restlichen Meyers taten es ihm nach: Claudia lächelnd, Horst verwundert, Nina (ausnahmsweise) stolz auf den ganz augenscheinlich universell gebildeten Bruder.

Es dauerte einige Sekunden, bis Horst das Schweigen brach. »Also, ich muss schon sagen: Das hätte ich nicht erwartet!«, raunte er mit gedämpfter Stimme zu der parallel neben ihm fahrenden Claudia hinüber. »Donnerwetter!«

»Na siehst du«, gab diese beschwingt zurück. »Man soll die Leute nicht für dümmer halten, als sie in Wirklichkeit sind!« Ein irritierter Blick von Seiten des Ehemanns nötigte ihr die weiterführende Erklärung ab: »Na ja – der Fabian ist schließlich auch nicht blöd. Der kennt dich ja inzwischen auch schon neun Jahre. Und als heute Morgen endgültig klar war, wo wir hinradeln, da hat er in weiser Voraussicht zusammen mit mir schon mal einen Blick auf die Karte geworfen. Da stehen ja alle Sehenswürdigkeiten fein säuberlich aufgelistet drin: Unter anderen eben auch die Kochertalbrücke samt ihrer stolzen Höhe! So einfach ist es anscheinend, dich zu beeindrucken!« Sie radelte näher und gab Horst mit der Rechten einen freundschaftlichen Klaps auf die Schulter. »Nun komm schon und mach nicht ein Gesicht, als hätte es dir die Trauben verhagelt. Sieh es doch mal positiv: Dein Herr Sohn ist ein echtes Cleverle – und das ist ja auch etwas. Wir haben schließlich immer schon auf der Uni gesagt: Man muss nicht alles wissen – kann man ja auch gar nicht – aber man muss wissen, wo man nachschlagen kann! Das ist die ganze Kunst! Und das scheint unser Fabian ja bereits ganz gut drauf zu haben!«

»Auch wieder wahr«, grinste Horst zurück, ob dieser Erkenntnis wieder versöhnt mit sich und dem Rest der Familie. »Sich rechtzeitig darauf vorzubereiten, was kommen könnte, das ist tatsächlich schon die halbe Miete! Donnerwetter! Hätte ich ihm echt noch nicht zugetraut! Aber da sieht man's mal wieder: Der Apfel fällt nicht weit von Stamm!«

»Ach du meine Güte, der Herr Meyer! Von der Hölle in den Himmel, vom Tal der Tränen in den Olymp der Begeisterung, und das innerhalb von grade mal 90 Sekunden!«, stöhnte Claudia laut auf. »Das macht dir keiner nach, das ist geradezu rekordverdächtig! Typisch mein Hotte: Himmelhoch jauchzend, zu Tode betrübt!«

Einige Augenblicke lang radelten sie stumm nebeneinander her.

»Oh, Gott!«, ließ sich als Erste nun Nina vernehmen. »Immer diese verdammten Berge!«

»Wo soll denn hier ein Berg sein?«

»Na, hier! Ständig geht es nach oben! Und dabei hast du uns gesagt, wir würden flussabwärts radeln, es müsste also immer bergab gehen!« Nina verkörperte im Augenblick den Vorwurf in Person. »Und jetzt das da!«

»Dann nimm halt mal den ersten Gang! Wozu hast du denn eigentlich eine Gangschaltung, wenn du sie nie benutzt?«

»Weil der erste Gang klemmt, das weißt du doch!«
Hektisch fingerte das Mädchen am Schalthebel ihres
Dreigangs herum – ohne Erfolg. »Da hast du es! Jetzt
komme ich gar nimmer vorwärts!«

Vor lauter Konzentration auf den nur schwer einzu-
legenden ersten Gang hatte Nina das Treten in die Pedale vergessen und war so mit ihrem Fahrrad zum Stehen gekommen. »Jetzt muss ich auch noch schieben!«

»Das sind doch bloß noch 50 Meter und dann geht da
doch schon die Fahrradbrücke über die Straße«, ließ
Horst sich nicht so leicht aus seiner Sommer-Sonne-
Fahrrad-Urlaubslaune bringen. »Und schau mal, da
vorne ist eine Bank, da ruhen wir uns dann mal kurz aus
und ich repariere dir deine Gangschaltung! Einverstanden?«

»Hoffentlich klappt's auch?« Claudia legte angesichts der bekannten handwerklichen Fähigkeiten ihres
Mannes eine gewisse Skepsis an den Tag. »Nicht dass
wir dann den Rest der Strecke schieben müssen. Da
vorne in Braunsbach ist doch sicher irgendwo ein
Fahrradreparaturgeschäft oder ein Handwerker, der
versteht ...«

Ein vorwurfsvoller Blick ließ sie verstummen.
»Schon gut, Hotte! Ich hab ja nur gemeint ...«

»Auch das kann manchmal schon zu viel sein! Also
kommt, fünf Minuten Pause!« Horst klappte den Fahr-
radständer aus, setzte sich auf die Bank auf der Brücke
und breitete die Arme aus. »Ach, ist das herrlich! So ein
schöner Sommertag in Hohenlohe! Also, mir tun da

wirklich die anderen Leid, die jetzt auf Mallorca oder sonst wo in der Sonne braten! Wo es doch so schön ist bei uns im Land! Das ganze Jahr über schimpfen wir übers Wetter und dann im Sommer, wenn es bei uns so richtig warm ist, dann düsen sie ab, weißgottwohin. Unbegreiflich, oder?«

Während Nina und Fabian es vorzogen, sich mit Äußerungen zurückzuhalten, nickte Claudia zustimmend. »Recht hast du: Es ist wirklich schön im Ländle! Also jetzt möchte ich um nichts in der Welt an irgendeinem überfüllten glühend heißen Sandstrand liegen! Nein, danke!«

Bevor die Begeisterung über den Entschluss, die Sommerferien dieses Jahr im Land zwischen Tauber und Kocher zu verbringen, vollends überzuborden drohte, ergriff Fabian die Flucht nach vorne. »Also sag schon Papa! Was wolltest du uns denn vorher eigentlich erklären?«, heuchelte er größeres Interesse am kriminalpolizeilichen Arbeitsalltag des Vaters.

»Erklären?« Horst brauchte einen Moment, um sich zu besinnen. »Ach so, ja, nicht richtig erklären eigentlich. Ich wollte nur sagen, dass ich da, ziemlich genau dort drüben, im Spätjahr schon einmal gewesen bin.« Er streckte den Arm aus und deutete auf die vor ihnen liegende Wiese, die auf ihrer einen Seite vom Radweg und auf der anderen vom Kocher begrenzt wurde. »War irgendwie eine komische Geschichte, das heißt, so komisch war sie dann auch wieder nicht!« Nachdenklich fuhr er sich mit der Hand über die Augen. »Da ist näm-lich jemand ums Leben gekommen damals!«

»Oh, bitte! Ich hätte es mir ja denken können!«, mel-dete sich Claudia mit einem missbilligenden Seufzer zu Wort. »Kannst du denn um Himmels willen nicht wenigstens einen Tag lang deine Mord-und-Totschlag-Geschichten vergessen und einfach nur ausruhen und Urlaub machen? Man kann doch nicht 24 Stunden lang 365 Tage über im Dienst sein!«

»Bin ich doch auch gar nicht«, gab Horst leicht an-gesäuert zurück. »Aber man wird ja wohl noch sagen können, dass man schon einmal an einer bestimmten Stelle gewesen ist ...«

Claudia verschränkte die Arme unter der Brust und zog es vor, kommentarlos in die entgegengesetzte Rich-tung zu starren.

»Also Papa, jetzt sag schon, was war denn das für eine Geschichte«, drängelte der mit einem Mal neugie-rig gewordene Fabian. »Was ist denn da passiert?« In-teressiert kniff er die Augen zusammen und spähte an-gestrengt zu der Stelle hinüber, an der sich also vor rund einem dreiviertel Jahr etwas derart Gravierendes ereignet haben musste, dass sogar ein Kriminalkom-missar der Polizeidirektion Heilbronn zu den Ermitt-lungen hinzugezogen worden war.

Kapitel V

»Na ja, das war schon eine unappetitliche Geschichte damals«, begann Horst zögerlich, nicht ohne vorher noch aus den Augenwinkeln einen verstohlenen Blick auf die nach wie vor in die entgegengesetzte Richtung stierende Claudia zu werfen. »Ihr kennt doch vielleicht das Autohaus Rümmele in Heilbronn, kommt ja auch immer in der Werbung in eurem Radioprogramm, oder?«

Fabian nickte wissend. »Klar doch. Der Fiat-Rümmele. Der mit seinen christlichen Sprüchen, gell?«

»Genau der!«

»... und der Herr sah, dass es gut war! Der hat immer irgendeinen Spruch aus der Bibel drin gehabt. Wegen Autos! So ein Krampf! Und aufgehört hat er immer mit diesem blödsinnigen: ... und der Herr sah, dass es gut war!« Der Junge hielt kurz inne und fasste sich nachdenklich an die Nase. »Aber das mit den komischen Sprüchen, das ist irgendwie nicht mehr so. Hab ich zumindest schon lang nimmer gehört!«

»Stimmt! Hat auch eine ganz einfache Ursache. Da drüben«, wieder deutete Horst auf die Wiese unterhalb der Kochertalbrücke, »da haben sie den Herrn Fiat-Rümmele nämlich zusammengesammelt. Beziehungsweise das, was noch von ihm übrig war. Und das ist bei einem Sturz aus über 185 Metern Höhe nicht mehr viel, selbst dann nicht, wenn du auf eine feuchte Wiese knallst! Da findest du dann nur noch Matsch ...«

34

»Horst!« Unwirsch schoss Claudia herum und funkelte ihrem Gatten aus zornigen Augen ins Gesicht. »Jetzt mach aber mal einen Punkt! Du musst doch nicht jede Einzelheit vor uns auswalzen!«

»Aber du als Ärztin ...«, versuchte der so Angegriffene den Ansatz einer wenig überzeugenden Verteidigung.

»Ich als Ärztin!«, äffte Claudia ihn nach. »Und was ist mit den Kindern? Also ich als Ärztin, wie du sagst – nicht mal ich möchte mir vorstellen, wie das ausgesehen hat ...«

»Schon gut, schon gut!« Abwehrend spreizte Horst die Hände. »Ich hab's ja nicht so gemeint. Entschuldigung!« Und damit drückte er Claudia einen verlegenen Kuss auf die Wange.

Doch die Geschichte selbst war nun natürlich längst nicht mehr zu stoppen. »Also, Papa! Komm und sag schon, was ist denn da jetzt mit dem Rümmele passiert?«, drängelte Fabian auf die Fortsetzung. »Ist der also tatsächlich von da oben heruntergesprungen?« Er legte die Hand an die Stirn, um die Augen im grellen Licht dieses Sommertages zu beschatten und blinzelte hinauf zu der imposanten Stahlbetonkonstruktion der Kochertalbrücke.

Hotte zuckte bedeutungsvoll mit den Schultern. »Na ja, was denn sonst?!« Er legte eine bedächtige Kunstpause ein, bevor er weitersprach: »Auf jeden Fall war ja nicht mehr viel von ihm übrig, als sie ihn dann da unten gefunden haben!«

35

»Horst!«

»Ist doch wahr! Das sind die Tatsachen, nichts anderes! Immerhin war es schon schwer genug, den Kerl überhaupt zu identifizieren.« Selbst Horst fühlte nun ein leichtes Ziehen in der Magengegend, als er den Sachverhalt ausbreitete. »Der Arzt hat zumindest nicht den geringsten Anhaltspunkt für ein Fremdverschulden gefunden. Und im Übrigen: Die Kochertalbrücke gilt ja geradezu als El Dorado für Selbstmörder aus dem ganzen Land.«

»Horst!«

Der so neuerlich zur Ordnung gerufene schnaubte unwillig durch die Nase. »Nein, Claudia! So ist das nun einmal! Was soll ich denn da um den heißen Brei herumreden?«

»Schon gut! Da muss ich dir ausnahmsweise Recht geben«, lenkte nunmehr selbst Claudia Meyer versöhnlich ein.

»Aber wozu hat man da überhaupt noch dich gebraucht, Papa?«, ließ Fabian nicht locker.

»Danke für die Blumen, Herr Sohnemann«, knurrte Horst mit gerunzelter Stirn in die Richtung des Fragestellers hinüber. »Aber das war reine Routine. Als die Kollegen es dann irgendwann geschafft hatten, den Rümmele zu identifizieren, da haben sie routinemäßig eine Meldung an die Polizeidirektion nach Heilbronn geschickt, denn schließlich hat der Friedrich Rümmele ja in Heilbronn gewohnt. Und um ganz sicher zu gehen und alle Eventualitäten auszuschließen, bin ich dann vom Big Boss noch hingeschickt worden. Verbunden mit dem Auftrag, die Sache vollends abzuschließen und zu den Akten zu legen!«

»Tja, Kinder, da seht ihr mal: So einfach ist das also!« Claudia hatte die Arme ausgebreitet und wiegte nachdenklich den Kopf. »Da donnert einer von so einer Brücke runter und die Polizei guckt, dass sie den Fall so schnell wie möglich im Archiv beerdigen kann! Aus! Schluss! Ende! Im wahrsten Sinn des Wortes!«

»So einfach funktioniert das auch wieder nicht, Claudia!«, empörte sich Horst Meyer, der sich in seiner Polizistenehre empfindlich verletzt fühlte. »Schließlich hab ich mich noch ganz genau im Umfeld von dem Rümmele erkundigt, was das für ein Mensch war. Ob er eine unheilbare Krankheit hatte, finanzielle Probleme, Eheprobleme oder irgendwas mit der Psyche ...«

»Und? Hatte er?«

»Was?« Auch Horst konnte seine Ohren sozusagen aus Revanchegründen auf Durchzug stellen.

»Na, irgendwelche Probleme halt!« Claudias Teint hatte mit einem Mal eine leicht rötliche Färbung angenommen.

»Eigentlich kaum«, gab sich Horst zögerlich. »Na ja, gut: Der war halt ein sehr religiöser Mensch, schon eher bigott, dieser Rümmele. Du hast es ja grade selber gehört von Fabian. Selbst bei der Radiowerbung für seine Fiat-Autos hat er immer noch einen frommen Spruch dazu gemacht!«

»Kommt bei manchen sicher ganz gut an. Irgendwie schon eine clevere Variante in der Werbung! Das erschließt mit Sicherheit eine völlig neue Zielgruppe«, nickte Claudia anerkennend.

»Ja, schon! Finanziell ist der ja auch dagestanden wie eine Eins! Der hat das Geld mit dem Schubkarren zur Bank fahren können, so hat der Laden gebrummt. Aber nein, das mit den frommen Sprüchen, das hat der nicht gemacht, weil er so unheimlich clever gewesen ist. Nein, nein, der hatte wirklich so einen religiösen Tick. In so einer komischen Sekte war der drin: Mysterium Christi oder so ähnlich heißen die Kerle. Das sind welche von der Sorte, die zum Lachen in den Wald geht und sich dann hinterher auch noch schämen muss, dass sie gelacht hat!«

»Sachen gibt's! Man sollte es nicht für möglich halten!«

»Ist aber so! Also, der Friedrich Rümmele, mit einem Lebensalter von 56 Jahren sozusagen ein Mann in den immer noch besten Jahren, mit Geld ohne Ende. Und der beschließt dann plötzlich eines unschönen Tages, sich von der Kochertalbrücke zu stürzen! Unglaublich!«, Horst schüttelte den Kopf. »Tja – und genau deshalb habe ich mir die Geschichte dann halt schon noch mal ein bisschen genauer angeguckt, seinerzeit!«

»Da hast du mir aber nie ein Sterbenswörtchen davon erzählt!«, Claudia war von dieser Tatsache anscheinend leicht verstimmt.

38

»Hab ich nicht, das stimmt«, räumte Horst bereitwillig ein. »Aber wie du dich sicherlich noch erinnerst, bist du Anfang November ein paar Tage auf der Kinderärzte-Fortbildung in Marburg gewesen, da habe ich es dir also auch schlecht erzählen können. Und die Kinder waren bekanntlich in Ferien bei der Oma. Tja – und als du wieder da warst, da war der Käse längst gegessen. Denn so spektakulär war die Sache ja auch wieder nicht, schon deshalb nicht, weil ja – wie bei Selbstmorden üblich – auch nix in der Zeitung stand.«

»Ach ja, jetzt erinnere ich mich: Marburg!« Ein kurzes Lächeln huschte über Claudias Miene. Es war die erste Fortbildung seit Jahren, die sie sich wieder einmal gegönnt hatte. Ganz begeistert war sie damals nach Hause zurückgekommen. »Also gut, und ihr wart euch völlig sicher, dass das also Selbstmord war!«

»Na, klar! Ich sag ja, der Kerl hatte was weg von Schillers Räubern. Der hat in diesem religiösen Wahn gelebt und ist erstaunlicherweise – das hat mir dann auch seine Witwe schließlich widerstrebend bestätigen müssen – total in Depressionen verfallen. War deswegen sogar beim Seelenklempner, irgend so einem Psychofritzen. Das war natürlich auch so ein christlicher Freund von diesem Mysterium Christi. Hat ja aber anscheinend nix geholfen. In den letzten anderthalb Jahren sei er immer stiller und verschlossener geworden, hat mir diese Reinhilde Rümmele dann bestätigt ...«

»Wie? Reinhilde?« Nina lachte prustend. »Was ist denn das für ein komischer Name?«

»Ein Vorname halt! Die heißt eben so, die Frau!«
Missbilligend runzelte Horst die Stirn. »So, wie du eben
Nina heißt! Vielleicht gibt's ja auch Leute, die über so
einen komischen Namen wie Nina lachen müssen!«

»Von wegen!« Nina stemmte die Hände in die Hüften und funkelte ihren Vater wütend an. »Nina ist ein
schöner Name! Da muss gar keiner drüber lachen!«

»Ist ja gut! Jetzt geratet bloß nicht gleich wieder
aneinander«, warnte Claudia angesichts der zahlreichen
Wortduelle, die sich Tochter und Vater in der Vergan-
genheit bereits geliefert hatten. »Also, was jetzt? Der
hat also die Milliönchen auf seinem Bankkonto, dankte
dafür jeden Tag zehn Mal dem lieben Gott und verfällt
deswegen dann auch noch so in Depressionen, dass ihm
nicht einmal ein Glaubensbruder mehr helfen kann?
Also, Sachen gibt's ...«

»Richtig! Genauso war's.« Horst nickte bestätigend.
»Sollte man übrigens nicht glauben, wie viele doch ziemlich gut situierte und angesehene Leute aus dem Unterland da bei dieser komischen Sekte rumspringen. Die
haben ja sogar eine eigene Kirche im Hawaii!«

»Im wo?«

»Im Hawaii! Du kennst das doch! Das ist das Viertel, in dem auch das Kaffeehaus Hagen steht. Dieses
ehemalige Industriegebiet, also dort, wo immer noch
diese Bars sind und die Türkenläden und so!«

»Ach so, ja. Hawaii heißt das also? Jetzt weiß ich,
was du meinst!«, strahlte Claudia, die ganz gerne hin
und wieder mit einer Freundin das gemütliche Kaffee-

40

haus aufsuchte, in dem man die beste Tasse Kaffee im Umkreis von mindestens hundert Kilometern serviert bekam, wie sie immer wieder mit inbrünstiger Überzeugung betonte. Schließlich orderte Kaffeehausbesitzer Hagen seinen Kaffee immer noch persönlich in Übersee und röstete auch die Bohnen selber – sozusagen im Handverfahren.

»Und ausgerechnet da haben die feinen Leute von Heilbronn ihre Kirche hingebaut?«

»Na, Kirche kann man das nicht direkt nennen. Eher so eine Art Versammlungsraum: Außen pfui, aber innen hui, das kannst du mir glauben!«

»Und wieso das?«

»Überleg doch mal, das sind angesehene Geschäftsleute, Ärzte, Rechtsanwälte, Kaufleute und so weiter. Die gehören zum Unterländer Establishment. Und da macht es sich gar nicht gut, wenn man zu so einer Art Sekte gezählt wird, anstatt brav in die normale Kirche zu gehen und seine Kirchensteuer zu zahlen. Aber dennoch, so wie ich das mitbekommen habe, waren sie nun bald so weit, sich zu diesem Mysterium Christi auch offen zu bekennen. Außerdem haben sie plötzlich immer wieder behauptet, die offizielle evangelische Kirche, die habe gar nichts gegen sie, man betrachte sie als ganz normale Untergliederung. Dem evangelischen Pfarrer an der Kilianskirche – mit dem habe ich darüber mal gesprochen –, dem hat es zwar fast die Nackenhaare senkrecht gestellt, als ich ihn darüber ausgefragt habe, aber so richtig dagegen gestellt hat er sich dann auch wieder nicht. Da sind wohl ganz offensichtlich die richtigen Leute bereits in die höchsten Kreise vorgedrungen, anscheinend sogar bis in die Amtskirche hinein ...«

»Unglaublich!« Claudia schüttelte erstaunt den Kopf. »Und von all dem weiß man als ahnungsloser Zeitgenosse nicht die Bohne!«

»So ist es«, bestätigte Horst. »Also, wie gesagt, es gibt aber ziemlich eindeutige Anzeichen dafür, dass sie nicht mehr lange im Verborgenen agieren werden. Sie scheinen wie gesagt allmählich mit so viel Selbstbewusstsein gesegnet zu sein, dass sie planen, eine richtige supermoderne protzige Kirche zu bauen. Dafür hat der Rümmele auch Geld gesammelt, der war so eine Art Schatzmeister bei denen. Und eines ist klar wie Kloßbrühe: Wenn ich richtig informiert bin, dann kommt es denen auf ein Milliönchen hin oder her auch gar nicht an.«

»Aber jetzt ist er tot, ihr Schatzmeister. Und der ganze Zaster und das ganze heilige Getue hat ihm auch nichts genützt, diesem Rümmele. Also Selbstmord, eindeutig?«

Horst nickte bestätigend. »Eindeutig!«

»Armer Kerl! Und die Witwe?«, erkundigte sich Claudia weiter.

»Die hat ganz offensichtlich ihren Trost bei den Glaubensbrüdern gefunden. Ich sag dir's, das war vielleicht eine Beißzange. Jedes Wort habe ich ihr einzeln aus der Nase ziehen müssen. Und immer wieder hat sie ihr blödsinniges Verhalten damit begründet, dass sie ihrem Mann den Selbstmord einfach nicht verzeihen könne. So was mache man doch einfach nicht – als gläubiger Christenmensch! Selbstmord!«

»Na, bravo! Das ist aber dann die ganz harte Fraktion!«

»Sag ich ja! Am besten, man macht um die ganze Gesellschaft einen Riesenbogen. Und wenn du mit dem einen oder anderen von denen zusammentriffst, dann merkst du auch ganz schnell: Humor haben die nicht die Bohne! Also, nach dem, was ich da so alles gehört und gesehen habe, dagegen sind sogar die Pietisten noch regelrechte Skandalnudeln. Aber diese Typen: Von wegen zum Lachen in den Wald gehen, wie ich vorhin gesagt habe! Die gehen zum Lachen nicht mal in den Kohlenkeller, so sehr sind sie bereits vom heiligen Geist durchdrungen! Dass das der eine oder andere auf Dauer nicht mehr aushält und dann halt von der Brücke hüpft, ist irgendwie sogar in gewisser Weise logisch und nachvollziehbar.«

»Ja, schon«, pflichtete Claudia ihrem Ehemann nachdenklich bei. »Und der ist also mit seinem Auto tatsächlich zum Parkplatz hinter der Brücke gefahren ...«

»... hat den Wagen dann, wie es sich für so einen ordentlichen Menschen gehört, abgeschlossen und ist – wahrscheinlich in so einer nebligen Nacht von Samstag auf Sonntag über das Gitter geklettert und dann, ab die Post!«

»Na, prima!« Claudia rieb sich schaudernd ihre Unterarme. »Da friert's einen ja direkt. Und das bei 30

Grad im Schatten ...« Unvermittelt sprang sie auf und klatschte in die Hände. »Kommt, Leute. Jetzt haben wir uns aber genug Schauergeschichten anhören müssen. Wenn wir so weitertrödeln, dann kommen wir heute nie und nimmer bis nach Niedernhall. Und dann müssen wir womöglich im Freien übernachten ...«

Fabian stöhnte laut. »Nicht auch das noch! Also gut, überredet. Papa fährt voraus, ich komme an zweiter Stelle und du«, damit deutete er auf seine Schwester Nina. »Du bleibst zusammen mit der Mama dann hinter uns!«

»Immer ich, immer hinten!«, maulte die kleine Schwester, schwang sich jedoch im selben Moment auf ihr Fahrrad. »Also dann, auf die Plätze, fertig ...!«

Bevor noch das Wort »Los« über ihre Lippen drang, klingelte laut ein Handy. Es war eines dieser endlosen nervtötenden Klingelgeräusche, wie sie immer mehr und immer unverfrorener die Landschaft akustisch verschmutzen. Wieder, wie immer halt, irgendeine bekannte Melodie aus den aktuellen Single-Charts. Nur was genau? Die Halbwertszeit von diesem ganzen Musikmüll wurde auch immer geringer. Horst überlegte krampfhaft, während er in der Gepäcktasche seines Fahrrades nach dem Handy suchte. Ja, richtig, nach seinem Handy. Da erst dämmerte es ihm: »Verdammt noch mal! Wer hat denn da wieder an meinem Handy herumgeschraubt und den Klingelton verstellt?«

Schuldbewusst senkte Fabian den Kopf und stierte interessiert auf den Teerbelag des Radweges, während

Horst den grünen Knopf drückte und ungehalten in das Mikrofon raunzte: »Meyer! Ich bin im Urlaub!«

»Hoffentlich hält er diesmal durch und lässt sich nicht wieder aus dem Urlaub zurückpfeifen!«, murmelte Claudia, das Schlimmste ahnend, leise vor sich hin. Nur allzu gut war ihr noch die kurze Urlaubsfreude ihrer letzten gemeinsamen Unternehmung im Gedächtnis haften geblieben. Keine sechs Stunden waren sie – damals zu zweit – unterwegs gewesen, als Horst, der dummerweise ebenfalls sein Handy mit auf die Reise genommen hatte, wegen eines angeblich dringenden Falles in Windeseile zur Polizeidirektion nach Heilbronn zurückbeordert worden war.

Doch diesmal schien – glücklicherweise – alles ganz anders. Glücklicherweise? Schon beim nächsten Stichwort, das an ihr Ohr drang, legte Claudia erkennbar die Stirn in tiefe, kritische Falten.

Kapitel VI

»Protnik!« Auch Horst schien für einen Sekundenbruchteil verblüfft. »Ja, sag mal, Michael, was willst denn jetzt ausgerechnet du so dringendes von mir, dass du mich am helllichten Tag und mitten im Urlaub schon auf dem Handy anrufen musst!?«

Claudia ahnte Schlimmes, und es kam merkwürdigerweise auch genau so – zumindest nach ihrer eigenen Überzeugung. Also, manchmal glaubte sie nun allmählich doch an diese tief in ihr verborgenen übersinnlichen Fähigkeiten ... Der Urlaub versprach – wieder einmal – eine völlig ungeplante Wendung zu nehmen!

»Wo seid ihr?« Horst hatte es ganz offensichtlich beinahe die Sprache verschlagen. Verdattert glotzte er in Claudias Antlitz, während er das Handy weiterhin krampfhaft an sein Ohr drückte. »Auf der Fahrt ins Taubertal? Nach Creglingen?!«

Das konnte doch nicht möglich sein! Claudia legte zweifelnd die Stirn in Falten. Horst musste sich wohl verhört haben!

»Um was zu tun? Das ist doch nicht dein Ernst?! Doch, ist es? Na gut, habe verstanden! Nein, wir kommen erst morgen dorthin! Nein, wir gehen jetzt doch auf den Zeltplatz! Doch, das geht schon. Wir haben ja nur unsere beiden kleinen Zelte dabei. Ja?« Horst zuckte zweifelnd mit den Schultern und sandte einen neuerlichen entschuldigenden Blick zu seiner Ehefrau hinüber. »Na ja, mal sehen ... wird sich vielleicht was er-

geben ... also dann ... ja gut! Du auch! Danke, Tschüss!«
Zischend stieß Horst die Luft aus, während er den roten
Knopf an seinem Mobiltelefon drückte und damit das
Gespräch beendete. »Du glaubst es nicht«, fuhr er nach
einer kurzen Pause fort. »Der Protnik und das Bebele!
Die machen tatsächlich eine Woche Urlaub im Tauber-
tal! Ab heute! Was sagst du dazu?«

Protnik und sein Bebele! Die alten Freunde und
Kollegen aus lange vergangenen Ulmer Kripotagen!
Michael Protnik, genannt Sputnik, und Uschi Abele,
genannt Bebele: Der Kommissar und die Sekretärin
in der dortigen Mordkommission. Natürlich war
man mit den beiden befreundet – und das schon seit
vielen Jahren. Und oft, für Claudias Geschmack deutlich zu oft, nutzten die beiden die Gelegenheit eines
verlängerten Wochenendes, um alte Freundschafts-
kontakte wieder aufzufrischen. Das bedeutete im
konkreten Fall nichts anderes, als dass sie die Meyers
mit einem Besuch im Unterland beglückten und sich
jedes Mal ganz selbstverständlich im Reihenhaus des
Ehepaars im Heilbronner Stadtteil Sontheim einniste-
ten.

»Ich glaube das einfach nicht!« Claudia verdrehte
vielsagend die Augen und musterte ihren Gatten kritisch. »Einfach so? Ganz zufällig?«

»Tja!«Hilflos breitete Horst die Arme aus. »Da kann
man mal wieder sehen, wie klein die Welt ist ...«

»Ach komm!«, wurde er von Claudia unwirsch unterbrochen. »Das glaubt doch kein Mensch! Komm

schon, gib's schon zu: Du hast wieder mal deinen Mund nicht halten können und dem Protnik irgendwann erzählt, dass wir im Sommer Urlaub in Hohenlohe machen! Woher sollte der denn sonst auf die Idee kommen, ausgerechnet ins Taubertal zu kommen – und dann auch noch ausgerechnet nach Creglingen! Nein, mein Lieber«, sie schüttelte entschieden den Kopf. »Du kannst mir viel erzählen, aber dass das ein Zufall ist, das glaube ich in hundert Jahren nicht!«

»Jetzt sag nur noch, dass ich das alles absichtlich so hingedeichselt hätte!« In Horst regte sich der Ärger. Immer sollte er an allem schuld sein, und überhaupt ... »Außerdem, was ist denn dagegen zu sagen, wenn wir uns einmal mit denen zum Abendessen treffen! Also wirklich! Du tust ja gerade so, als hätten die beiden die Pest am Hals!«

Wieder schüttelte Claudia den Kopf. »Ich hab sie am Hals!«

»Jetzt mach aber mal einen Punkt! Ich bin ja schließlich erstens auch noch da und zweitens genauso betroffen ...«

»... da bin ich mir nicht ganz so sicher! Du wirst doch dann wieder rechtzeitig die Kurve kratzen und mit Protnik einen stemmen gehen, während ich dann mit der triefnasigen Uschi dasitzen und mir die ganzen Beziehungskisten der letzten Monate anhören darf!« Es war jedes Mal dasselbe: Während Horst es immer wieder schaffte, mit Protnik in einem unbeachteten Moment das Weite zu suchen, blieb Uschi am Ende jedes Mal mit ihren Monologen an Claudias Ohren hängen.

»Dann gehst du halt nächstes Mal ganz einfach mit! So simpel ist das!«

»Wenn das so einfach wäre! Die wartet doch in Wirklichkeit geradezu sehnsüchtig darauf, dass sich ihr Sputnik abseilt und dass sie dann anschließend ihr Jammerlied der vergessenen Lebensgefährtin abspulen kann ...«

In der Zwischenzeit war Nina hellhörig geworden: »A,u toll! Der Onkel Michael kommt vorbei! Wann treffen wir den denn?« Die kleine Meyer-Tochter hatte den gemütlichen kuscheligen Sputnik schon lange in ihr Kinderherz geschlossen und begrüßte die Aussicht, bald wieder einmal mit dem tollpatschigen Brummbär herumbalgen zu können, mit einem freudigen Händeklatschen.

»Heute nicht mehr«, dämpfte Horst die Vorfreude seiner Kleinen. »Irgendwann in dieser Woche, vielleicht ...«

»Nicht vielleicht, sondern ganz bestimmt!«, setzte Claudia entschieden hinzu. »Wo sind die denn eigentlich dann untergebracht? Doch hoffentlich nicht auch auf dem Campingplatz?«

»Nein, Gott sei Dank nicht! Du weißt doch, das Bebele mag kein Camping und die Ferienwohnungen, die der Campingplatz anbietet, die waren zum Glück alle schon belegt. Sie sind jetzt ein paar Kilometer entfernt untergebracht, hat mir der Protnik erzählt. In Freudenberg oder Freudenbach oder so ähnlich.«

49

»Und wo liegt das?«

Horst beschrieb mit den Händen eine hilflose Geste. »Keine Ahnung! Noch nie vorher gehört!«

Claudia wandte sich an den mit wachsender Ungeduld auf seinem Fahrradsattel hockenden Fabian und deutete auf dessen Lenkertasche. »Komm, Fabian, gib mir bitte mal die Karte. Das muss ich mir jetzt aber ganz genau angucken!«

Sie streckte den Arm aus und nahm die Karte in Empfang, die sie auf der Sitzfläche der Holzbank ausbreitete. »Wie sagt du, heißt das?«

»Freudenberg oder so ähnlich«, war Horst sich nicht mehr ganz richtig sicher.

»Freudenberg! Da schaut! Da liegt es!« Fabian hatte den Ortsnamen als erster entdeckt und deutete mit dem Zeigefinger auf die Karte.

»Ach ja! Da steht es!« Claudia staunte nicht schlecht. »Du, das ist aber eine ganze Ecke von uns weg! Das dürften ja«, sie studierte den Maßstab in der Kartenlegende und überlegte kurz. »Das sind ja runde 50 Kilometer! Da hat sich der Protnik aber schwer verhauen!«

Horst wiegte nachdenklich den Kopf. »Also, selbst bei aller nicht vorhandenen Landeskenntnis, das glaube ich dann aber doch nicht. Lasst mal sehen«, schob er sich zwischen Sohn und Mutter hindurch, um einen besseren Blick auf die Karte werfen zu können. »Da muss es um Creglingen herum noch ein zweites Freudenberg geben. Moment mal!« Er kniff die Augen zusam-

50

men und spähte angestrengt auf die Landkarte. »Da! Sag ich doch!« Zufrieden richtete er sich auf. »Schaut mal nordöstlich von Creglingen! Da liegt es!«

Fabian beugte sich wieder über das Papier. »Aber das heißt doch Freudenbach ...«

»Ja klar, Freudenbach. Ich sag ja, ich habe das vorhin nicht so richtig verstanden. Aber das liegt ja wohl eher im Bereich des Möglichen, oder?«

»Sehe ich genauso«, nickte Claudia zustimmend. »Und wie viele Kilometer Luftlinie haben wir dann noch Abstand von den beiden?«

»Moment, ich guck noch mal«, wieder nahm sich Horst die Karte vor. »Also wir sind hier, auf dem Campingplatz hinter Münster. Der Kommissar deutete auf das rote Symbol für den Campingplatz, dann fuhr er mit dem Zeigefinger weiter nach unten. »Da, schaut. Da ist Münster und dann sind es noch rund vier Kilometer bis Creglingen. Und von Creglingen nach Freudenbach«, er reckte seinen Daumen in die Höhe und fixierte ihn abschätzend. »Das dürften gut und gerne noch mal fünf bis sechs Kilometer sein, falls man nicht den Wanderweg quer durch den Wald nimmt. Aber selbst dann werden's mit Sicherheit nicht weniger als sechs bis sieben Kilometer sein!«

Claudia atmete hörbar auf. »Na, wenigstens etwas. Dann ist zumindest ein ganz spontaner Besuch zu Fuß so gut wie ausgeschlossen. Vielleicht wird es also doch nicht ganz so schlimm, wie ich zunächst befürchtet habe!« Erleichtert griff sie nach der Karte und streckte

51

sie ihrem Sohn entgegen, der umständlich begann, das Teil wieder zusammenzufalten.

»Aber bitte richtig«, stöhnte Horst, der die verzweifelten Bemühungen kopfschüttelnd verfolgte, mit denen Fabian versuchte, die Karte wieder in ihre ursprüngliche Form zu bringen. »Und wenn der Sohnemann dann endlich vor Sonnenuntergang damit fertig ist, dann düsen wir los. Aber ein bisschen zackig jetzt, sonst müssen wir nämlich tatsächlich noch im Freien übernachten, bei dem Schneckentempo, das wir bisher draufhaben!« Grinsend stieg er auf sein Fahrrad und setzte sich langsam in Bewegung.

Kapitel VII

»Verfluchter Mist, verdammter!«, schimpfend warf Horst Meyer den Hammer vor sich auf den Boden und steckte mit schmerzverzerrter Miene den Daumen in den Mund. Eine knappe Sekunde vorher, jedoch zu spät, hatte er bemerkt, dass der linke Daumen noch auf dem Hering ruhte, den er gerade mit einem entschiedenen Hammerschlag in der Wiese versenken wollte. »So ein verdammter Mist aber auch!« Der malträtierte Finger tat aber auch wirklich furchtbar weh.

»Aber, aber, Herr Nachbar!«Kopfschüttelnd näherte sich in diesem Augenblick ein wohlbeleibter älterer Herr dem Tatort. »Durch Fluchen wird es auch nicht besser! Unser Herrgott kann doch nun wirklich nichts dafür, wenn Sie sich die Hand zertrümmern!«

Missmutig fuhr Horst herum und war gerade drauf und dran, dem Moralapostel die passende Antwort ins Gesicht zu schleudern, als Claudia die Situation durch blitzschnelles Eingreifen entspannte.

»Da haben sie Recht«, bedachte sie den anderen mit einem entwaffnend-entschuldigenden Lachen durch ihre blütenweißen Zahnreihen hindurch. »Aber so ist er nun mal, mein Mann. Er hat ja zwei linke Hände, aber er muss uns unbedingt beweisen, dass es für ihn eine Kleinigkeit ist, so ein Zweimannzelt aufzubauen! Tja – und was dabei herauskommt, das sehen sie ja!«, deutete sie augenzwinkernd auf den am Boden kauernden Horst hinunter, der den schmerzenden Daumen noch immer im Mund stecken hatte.

»Der Tag des Herrn Zebaoth wird kommen über alles Hoffärtige und Hohe und über alles Erhabene, dass es erniedrigt werde«, begann der Dicke daraufhin mit feierlicher Stimme zu rezitieren, während er mit seinem Kopf, der von einer ungesunden dunkelroten Gesichtsfarbe überzogen war, langsam im Takt des Zitates nickte. »... dass sich beugen muss alle Hoffart der Menschen und sich demütigen müssen, die stolze Männer sind und der Herr allein hoch sei an jenem Tage!«

»Was?!« Horst runzelte die Stirn und musterte den merkwürdigen Rezitator irritiert.

Ein gottgefälliges Lächeln umspielte die Mundwinkel des Dicken, während er gleichzeitig einen verklärten Blick zur Schau stellte. »Jesaja, mein Lieber! Altes Testament! Unsere Heilige Schrift!« Er machte einen Schritt auf Claudia zu und streckte die rechte Hand aus. »Grüß Gott, verehrte Dame. Mein Name ist Kohlmüller, Siegfried Kohlmüller. Herzlich willkommen hier auf dem Campingplatz in unserer Mitte!«

Mit amüsiert-verlegenem Grinsen schüttelte Claudia die dargebotene Rechte des aufgeblasenen Rotgesichts. »Meyer, Claudia Meyer! Und das da«, sie beendete den Händedruck und deutete auf den immer noch am Boden kauernden Horst, während sie sich verstohlen die Hand an ihren Shorts abwischte, »das ist mein Mann Horst. Wir sind grade eben angekommen. Sind sie der

Besitzer des Platzes?« Unsicher blickte sie hinter sich in Richtung Eingang des Campingplatzes. »Ich habe gedacht, die Leute vorne an dem Häuschen ... das wären auch die Inhaber ...«

»Sind sie auch!«, gab Kohlmüller feierlich von sich. »Ich habe damit nichts zu tun, nein, gar nichts!« Wieder machte er eine bedeutungsvolle Pause, in der er ein neuerliches salbungsvolles Lächeln über seine Miene huschen ließ. »Ich darf lediglich von mir sagen, dass ich mich zusammen mit meinen lieben Schwestern und Brüdern um das seelische Wohlergehen der Menschen hier kümmern darf!« Verbunden mit einem Augenaufschlag, der jedem christlichen Märtyrer der vergangenen zweitausend Jahre zur Ehre gereicht hätte, faltete er demutsvoll die Hände.

»Ach so!« Claudia nickte verstehend. »Dann sind sie also der Pfarrer von hier! So ist das!«

»Na ja«, in gespielter Demut ließ der Frömmler wiederum eine Sekunde vergehen, bevor er mit seiner Antwort fortfuhr. »Nicht direkt, wenn sie wissen, was ich meine ...«

Horst, der sich in der Zwischenzeit erhoben hatte und voller Missvergnügen seinen in dunklem Blau schimmernden Daumennagel begutachtete, legte säuerlich die Stirn in Falten. »Nein, wissen wir nicht! Woher auch?!« Er ignorierte geflissentlich den warnenden Blick, den Claudia versuchte, zu ihm hinüberzuschicken. Was sollte das denn alles? Was hatte er mit diesem scheinheiligen fetten Kerl eigentlich zu schaffen, beziehungsweise der mit ihm? Und der Daumen tat höllisch weh! Und überhaupt ...

»Dann will ich sie gerne darüber aufklären«, fuhr der rotgesichtige Prediger fort – offensichtlich ganz und gar unbeeindruckt von sämtlichen mehr oder minder deutlichen Signalen der Meyers, die eigentlich nichts anderes als klare und deutliche Ablehnung symbolisieren sollten. Kohlmüller presste die ausgestreckten Handflächen gegeneinander und führte sie bedächtig an seine Brust. Anschließend begann er feierlich mit seiner Erklärung. »Also, es ist so. In der heutigen Zeit machen wir Menschen immer mehr die Erfahrung der Einsamkeit und des Alleinseins, ja der Verzweiflung an den Umständen unseres Lebens. Immer öfter begegne ich Menschen, die am Ende sind, und die – leider«, setzte er mit scheinheiligem Augenaufschlag hinzu, »auch in der Kirche keinen Trost mehr finden. Und deshalb sind wir auserkoren, diesen Mitmenschen zu helfen, sie zu stützen, sie zurückzubringen auf den rechten Weg des Glaubens und dort zu halten und zu stärken ...«

»Aha!« Das hatte den Meyers gerade noch gefehlt: Eine Nachhilfestunde in Religion und Nächstenliebe! Zu allem Überfluss dann auch noch ausgerechnet von irgend so einem Sektenheini. Horst musste schauen, dass er den Kerl von der Backe bekam, und zwar so schnell wie möglich. »Entschuldigen sie bitte, Herr Kohlenmüller ...«

»Kohlmüller!«, verbesserte Horsts Gegenüber indigniert.

56

»Herr Kohlmüller.« Horst streckte dem Gottesmann seinen lädierten Daumen entgegen. »Aber mein Daumen tut furchtbar weh, lassen sie uns später einmal miteinander reden, wir sind ja schließlich noch eine ganze Zeit lang hier. Claudia!« Hilfesuchend blickte er in die Augen seiner Frau. »Könntest du mal bitte das Verbandszeug aus dem Auto holen? Da gibt's doch so eine abschwellende Salbe, ich glaube, die täte mir jetzt gut!«

Claudia nickte eifrig. Auch sie schien froh, einen Weg gefunden zu haben, wie sie den Kerl auf elegante Art und Weise loskriegen konnten – und sei es auch um den Preis eines zerquetschten Daumens. »Ja, dann, Herr Kohlmüller. Dann werden wir unser Gespräch demnächst einmal fortsetzen, einverstanden?«

Kohlmüller nickte arglos. Er schien sich der Tatsache, dass er die beiden lediglich nervte, mit keiner Faser seines Herzens bewusst zu sein. Zu sehr vom missionarischen Eifer durchdrungen, als dass er die Realität noch wirklich im Blick haben konnte! »Auch recht, die Herrschaften. Na, dann, bis morgen vielleicht! Morgen ist ja bekanntlich der Tag des Herrn! Sonntag!«, beeilte er sich angesichts der verwirrten Mienen noch hinzuzufügen, die beide Meyers kurzfristig zur Schau stellten. »Da machen wir nämlich immer einen schönen Gottesdienst auf dem Zeltplatz. Es wäre schön, wenn auch sie dazu kommen und uns die Ehre geben könnten! Also dann, behüte sie der Allmächtige und auf Wiedersehen!« Damit machte er kehrt und stolzierte gemessenen Schrittes von dannen.

»Du meine Güte! Was war denn das?«, stöhnte Horst und steckte den immer noch schmerzenden Daumen wieder in den Mund, während er sich an Claudias Seite lehnte.

»Das war die himmlische Rache für deine Flucherei, mein Göttergatte«, musterte die ihr Ehegespons mit einem gespielt-tadelnden Blick. »Aber guck mal, da kommen die Kinder zurück vom See!« Sie deutete mit dem Kinn nach vorne zwischen die Phalanx der Zelte und Wohnwagen auf dem Campingplatz. Freudestrahlend kamen die beiden Meyer-Kinder auf ihre Eltern zugelaufen.

»Mensch, Mama, Papa! Der See ist klasse!«, jubelte Fabian, während er voller Begeisterung sein Handtuch schwenkte.

»Und richtig schön warm ist er auch!«, ergänzte Nina voller Euphorie. »Und eine Freundin habe ich auch schon gefunden!«

Claudia grinste. »Na, dann ist ja alles in Butter! Also, es gibt im Sommer eben doch noch schöne Urlaubsorte – auch jenseits vom Mittelmeer!« Sie klatschte unternehmungslustig in die Hände und deutete hinüber auf das Zentralgebäude des Campingplatzes. »Also dann, Kinder, ihr helft mir jetzt mal schnell, das bisschen Zelt da aufzubauen – und den Papa, den lassen wir einstweilen rüber in die Wirtschaft gehen, wo er sich ein kleines Bierchen genehmigen und seine Wunde kühlen soll!«

»Wunde?«, fragte Fabian neugierig. »Wo denn? Lass mal sehen! Hast du dir wehgetan?«

»Nicht wirklich«, knurrte Horst und trottete rasch von dannen – bevor ihm womöglich noch ein ärgerlicher Kommentar über die Lippen rutschte, den er später bitter zu bereuen hatte. Nein, danke! Schließlich war Urlaub angesagt! Und wenn Claudia meinte, sie käme beim Aufbau ihrer beiden Zwei-Mann-Zelte ohne ihn zurecht, na gut – dann durfte sie jetzt einmal beweisen, was in ihr steckte! Horst jedenfalls würde sich auf die Terrasse des Lokals »Alte Brechscheuer« setzen und sich in aller Ruhe durch die – hoffentlich – tauberfränkische Weinkarte probieren ...

Kapitel VII

»Und ich sah einen Engel in der Sonne stehen, und er rief mit großer Stimme und sprach zu allen Vögeln, die unter dem Himmel fliegen: Kommt, versammelt euch zu dem großen Mahl Gottes, dass ihr esset das Fleisch der Könige und der Hauptleute und das Fleisch der Starken und der Pferde und derer, die darauf sitzen und das Fleisch aller Freien und Knechte, der Kleinen und der Großen! Und ich sah ...« Der in einen schwarzen Umhang gehüllte Prediger ließ die gen Himmel gewandten Arme niedersinken und verstummte. Angestrengt blinzelte er in den nahezu vollständig dunklen Innenraum der Kapelle, der mit einem Mal von aufgeregten Flüsterstimmen erfüllt war.

Der Chor der beunruhigten Menschen steigerte sich innerhalb von Sekunden in angsterfüllte Dimensionen. Da! Ein Licht flammte auf und erhellte für den Bruchteil eines Augenblicks die Szenerie. Doch bevor sich die nächtlichen Besucher der Kapelle ein Bild von dem Geschehen um sie herum hatten machen können, war das Licht – begleitet von einer unterdrückten Verwünschung – auch schon wieder erloschen. »Aua! Mist!« Wieder zischte eine Flamme in die Höhe – und dieses Mal schaffte es der Mann, das Streichholz an den Docht einer Kerze zu halten. Ein unsicheres, flackerndes Glimmen focht seinen aussichtslosen Kampf mit der Dunkelheit. Allenfalls schemenhaft wahrzunehmende Gestalten beugten sich zum Boden der Kapelle hinunter. Dort, auf

60

den kalten Steinfliesen des Gotteshauses, lag einer der schwarzgewandeten Kapuzenmenschen! Regungslos!

»Um Gottes willen! Ihm ist übel geworden! Er scheint ohnmächtig zu sein!« Weitere Kerzen waren in der Zwischenzeit entzündet worden. Vorsichtig tätschelte der Mann die Wange des Ohnmächtigen. »Das war zu viel für ihn!«

Ein undefinierbares Gemurmel war die Reaktion auf diese Feststellung.

»Bringt ihn hinaus!« Mit einer gebieterischen Geste wies der Prediger zum Eingang der Kapelle. »Er stört den heiligen Frieden in diesem Haus!«

Unwirsch richtete der Mann sich auf. »Das ist doch wohl nicht euer Ernst! Das Leben kommt zuerst ...«

Beim Blick in die eiskalten Augen seines Gegenübers verstummte er und neigte in stummer Demutshaltung den Kopf zu Boden. »Wie ihr meint, Bruder!« Mit Hilfe eines weiteren Besuchers des gespenstischen nächtlichen Gottesdienstes fasste er den Ohnmächtigen an Händen und Füßen und brachte ihn so mühevoll nach draußen, wo er ihn auf dem Grasboden des Friedhofs vor der Kapelle ablegte.

» ... und wenn die tausend Jahre vollendet sind, wird der Satan loswerden aus seinem Gefängnis und wird ausgehen, zu verführen die Völker an den vier Enden der Erde ...« schallte es lautstark aus dem kleinen Kirchlein nach draußen.

Mit einer verzweifelten Geste strich sich der Mann über das Gesicht und fixierte seinen Mithelfer kummervoll. »Ich weiß nicht, Johannes ... Ob das gut war, worauf wir uns da eingelassen haben ...«

Der andere senkte den Kopf und starrte kommentarlos zu Boden.

»... und ich sah einen Engel vom Himmel fahren, der hatte den Schlüssel zum Abgrund und eine große Kette in der Hand ...«

Der bekümmerte Kapuzenträger schüttelte deprimiert den Kopf und strich vorsichtig mit der Hand über die Stirn des allmählich wieder zu Bewusstsein gelangenden Mannes, der da vor ihm auf dem feuchten Grasboden lag.

Kapitel IX

»Tauberschwarz?«, runzelte Horst Meyer kurze Zeit
später ratlos die Stirn, während er gleichzeitig mit bewunderndem Interesse die üppigen, kaum verhüllten
Rundungen der ansehnlichen Bedienung in Augenschein nahm, die ihm gerade eben nach seiner Frage
zur Weinkarte vier verschiedene Begriffe herunter-
gebetet hatte. »Das hab ich ja noch nie gehört? Ist das
ein Cuvee, oder irgendein Mixgetränk?«

Die Bedienung schien genauso ratlos wie ihr Gast.
»Keene Ahnung«, lispelte sie zaghaft zurück. »Ich bin
nämlich nicht von hier, wissen Se! Kann mich aber gerne
mal erkundigen, wenn's recht is ... «, sprach's und tip-
pelte los, ohne eine Antwort abzuwarten. Und dabei
war sie doch gar nicht blond ...

Na – auch recht! Er hatte ja Urlaub, es bestand –
ausnahmsweise mal – kein Grund zur Eile. Andererseits: Der Daumen pochte mittlerweile unangenehm.
Also von daher wäre es jetzt durchaus angebracht gewesen, den Schmerz im einen oder anderen Glas Fran-
kenwein zu ertränken.

»Also, der is so ne Sorte von hier«, schreckte ihn eine
laute Stimme aus seinen Urlaubsgefühlen. Die Bedienung!
Sie stand am Eingang des Restaurants und hatte sich in
der Zwischenzeit ganz offenbar beim Chef des Lokals
kundig gemacht. Während die wenigen anderen Gäste,
die es sich um diese Uhrzeit auf der Terrasse gemütlich
gemacht hatten, erstaunt die Köpfe in Richtung der laut-

starken Kellnerin drehten, fuhr diese mit der Weitergabe ihrer neuesten Erkenntnisse fort. Sie kümmerte sich wenig um das Aufsehen, das sie mit ihrer Stimmgewalt verursacht hatte. »Det Ding nennt sich Tauberschwarz, weil es ne alte Sorte von hier ist, von der Tauber halt! Det is der Bach da!«, setzte sie vorsichtshalber – man konnte ja nie wissen – zur Erklärung noch hinzu.

»Aha!« Horst nickte anerkennend. »Vielen Dank für die Aufklärung. Nur eines noch: Ist das also dann ein Roter oder womöglich doch ein Weißer?«

»Chef!«, verdrehte die Monroe indigniert die Augen. »Der will noch mehr wissen! Ob dat jetzt ein Roter oder ein Weißer sei? Wie? Ja wat denn nu? Ach so: Ein eher Hellroter! Allet klar, Chef, ich sag's ihm!«

Horst winkte ab, als die Bedienung Anstalten machte, zu seinem Tisch zurückzukehren. Er hatte auch bereits so verstanden, laut genug war das Frage-und-Antwortspiel ja schließlich gewesen. Das heißt, eine Frage hätte er eigentlich schon noch gehabt ... tapfer schluckte er sie hinunter. Ob das Getränk nun trocken war oder nicht, das würde er dann ja gleich selbst herausfinden, und egal wie, probieren wollte er diese ihm bisher unbekannte Weinsorte ja auf jeden Fall.

»Wolln se denn nu oder wolln se nicht!«, riss ihn die unangehme zum Rest der Erscheinung kontrastierende laut dröhnende Stimme der Bedienung aus seinen weinphilosophischen Gedankengängen.

»Wie? Ja! Natürlich!«, schreckte er auf und zwang sich, nicht in den durchaus üppig wogenden Ausschnitt des Fräuleins zu starren, die sich mit einem feuchten Lappen an der Tischoberfläche zu schaffen machte.

»Und wie viele denn dann?«

»Wie, wie viele?«, Horst verstand momentan überhaupt nichts.

»Na, wolln se nun gleich ne janze Pulle uff eenmal stemmen, oder erst mal nur 'n Viertel?« Die Servierfachkraft drückte unwirsch die Hände in die Hüften. »Entscheiden müssen se sich schon selber, wa? Aber mal ehrlich, so ne janze Pulle is natürlich schon wesentlich günstiger, als wenn se da immer wieder nur 'n Viertel bestellen, verstehn se mir?«

Horst nickte wissend, entschied sich dann aber doch für den Weg des geringeren Risikos. Bei Wein konnte man ja nie wissen – und bei unbekannten Sorten gleich zweimal nicht. »Ja doch, vielen Dank auch für das Angebot. Aber ich versuch's erst mal mit einem Viertele, danach sehen wir dann weiter«, gab er dem ostdeutschen Sparwunder mit auf den Weg zurück zur Theke.

»Na jut. Och recht! Mir kann et ja egal sein, wa! Nur kommen se mir nich hinterher an und sagen, sie hätten det mit der ganzen Pulle nich jewusst ... «, stöckelte das Mannequin mit der reiztötenden Aussprache von dannen.

Der Kommissar grinste amüsiert in sich hinein und ließ sich die angenehm warme Sonne auf das Gesicht scheinen. Ach – so schön konnte Urlaub sein! Wenn bloß der Daumen nicht so schmerzhaft pochen würde. Aber das würden ja hoffentlich der Wein verbunden

65

mit den Faktoren Zeit und Alkohol demnächst regeln ...
Er schloss die Augen und genoss das Geschenk eines
sonnigen Augusttages – um wenige Augenblicke später unversehens wieder in der schnöden Realität des
Sommers 2001 angekommen zu sein.

»Ich bin der Weinstock und ihr seid die Reben!«,
dröhnte eine laute Stimme an sein Ohr. Horst blinzelte
in das grelle Sonnenlicht und erkannte erst schemenhaft, dann immer deutlicher, den frömmelnden Wanderprediger von vorhin, von dem er eigentlich gehofft
hatte, ihn für den Rest des Tages abgeschüttelt zu haben. Mitnichten!

Kohlmüller nahm der sich in seinem Windschatten
ebenfalls nähernden Bedienung maliziös lächelnd das
Weinglas vom Tablett und stellte es vor Horst auf den
Tisch. »Na dann! Sehr zum Segen, der Herr!« Prustend
ließ er sich auf den freien Stuhl neben dem Kommissar
fallen und wischte sich mit einem riesigen Taschentuch
die schweißnasse Stirn.

»Was für eine Hitze aber auch wieder! Wird Zeit,
dass der Sommer bald zu Ende geht«, seufzte der Prediger erschöpft in sein Taschentuch. Doch damit schien
die kurze Phase der Ermattung auch schon wieder beendet zu sein. Kohlmüller richtete den Oberkörper auf
und funkelte Horst neugierig ins Gesicht.

»Na, wie schmeckt ihnen der?«, forschte er wissbegierig, kaum dass Horst sein Glas wieder vor sich auf
dem Tisch abgestellt hatte. »Gar nicht so schlecht, der
Tropfen, oder?«

»Stimmt!«, gab sich der so Ausgeforschte wortkarg. Was hatte es denn diesen bigotten Kerl hier zu interessieren, ob und wie ihm der Wein im Taubertal schmeckte? Und, hatte er ihn überhaupt dazu eingeladen, an seinem Tisch Platz zu nehmen? Andererseits – denk dran Kumpel, du hast Urlaub, rief sich Horst innerlich selbst zur Ordnung. Du wirst den Kerl schon noch loswerden. Nur keinen Stress, dafür sind diese paar Ausspann-Tage einfach viel zu kostbar!

»Ja – und wie würden sie ihn denn bewerten? In einer ersten Einschätzung natürlich nur, meine ich?« Die Nervensäge gab sich nicht so leicht geschlagen.

»Na ja!«, brummelte der so an seinem beschaulichen Weingenuss gehinderte Urlauber dennoch nachdenklich. Er fuhr sich mit der Zunge über die Lippen und gab anschließend ein paar vernehmliche Schmatzgeräusche von sich. »Dürfte ein bisschen gehaltvoller ausgebaut werden, finde ich. Längere Maischestandzeit, wenn sie wissen, was ich meine?«, zog Horst seinen Trumpf in Form des Fachjargons aus dem Ärmel, von dem er sich sicher war, dass der den Laien von gegenüber in die Knie gehen ließ. Doch das Gegenteil war der Fall!

»Schon möglich«, wiegte Kohlmüller nachdenklich den Kopf. »Andererseits ... es ist ja schon früher so gewesen, dass man dem Tauberschwarz nur eine Schillerfarbe zugetraut hat. Also mit dunklem, schwerem Rotwein war da nie besonders viel ... Hmm ... « Interessiert starrte er auf das vor ihnen stehende Rotweinglas. Einem plötzlichen Entschluss folgend wandte Kohlmüller sich rasch um und suchte die nette Bedienung von gerade eben. »Fräulein! Hallo ... Fräulein!«, rief er laut und quer über die ganze Terrasse. Hemmungen schien der Kerl nun wirklich überhaupt keine zu besitzen! »Ja! Sie meine ich, Fräulein!«, nickte er heftig zu der am Tresen stehenden Kellnerin hinüber, um leise grinsend hinzuzufügen: »... weiß zwar nicht, ob sie noch eines ist, aber ...«, und anschließend deutlich seine Bestellung loszuwerden: »Noch so ein Viertel von dem Tauber-schwarz bitte!«

Oh, gütiger Himmel! Es war also passiert! Horst hatte diesen Kerl – schon wieder – an der Backe. Zu-mindest so lange, bis einer von beiden sein Viertel Rotwein zu sich genommen hatte. In Horsts Fall – das hatte er gerade eben in Sekundenbruchteilen für sich beschlossen – würde der Konsum des Weines in rekord-verdächtiger Zeit über die Bühne gehen.

»Wissen sie ...«, begann das nervige Gegenüber mit der Wiederaufnahme des weinbaulichen Fachgesprächs. »Mich interessiert das wirklich mit dem Tauberschwarz. Das könnte eine interessante Nische für die Wengerter und für den Tourismus werden – und damit auch für den Weinhandel. Regional natürlich nur, aber immerhin! Die Leute suchen ja heutzutage geradezu krampfhaft das Besondere, das Andere!« Kohlmüller setzte eine gequälte Miene auf und sandte einen frommen Blick gen Himmel.

Nein! Bitte nicht schon wieder! Jetzt bloß nicht wieder auf die religiöse Schiene geraten. Der Kommissar ergriff die Flucht nach vorne. »Ja, Donnerwetter! Sie scheinen sich aber ganz schön gut in der Weinbranche auszukennen«, heuchelte Horst Interesse am Redefluss des anderen. Wie auch immer: Ein mehr oder weniger unverbindlicher Gedankenaustausch in Sachen Wein war ihm allemal lieber, als eine Belehrung in christlicher Demut und Nächstenliebe.

»Na ja«, die Andeutung eines verschämten Lächelns umschmeichelte die Gesichtszüge des Frömmlers, der ganz offenkundig in diesem Augenblick Gefahr lief, die Sünde der Eitelkeit auf sich zu ziehen. Er lehnte sich bedeutsam zurück presste in gespielter Demut die Fingerspitzen aufeinander. »Einen gewissen Einblick in weinbauliche Zusammenhänge darf ich mir, denke ich, schon auf die Fahnen schreiben ...«

»Sehn Se! Hab ick doch gleich gesagt«, wurde das Weinbau-Outing im selben Moment von einer lauten weiblichen Stimme rüde unterbrochen. »Hätten Se gleich ne janze Flasche jenommen, dann wär et wesentlich billiger gekommen, wa!« Das blonde Gift glotzte dem Verschwender vorwurfsvoll ins Gesicht, während sie das Weinglas mitsamt seinem bestellten Inhalt nicht eben graziös vor Kohlmüller auf den Tisch knallte.

»Passen sie doch auf!« Wütend fuhr der Prediger hoch und wischte sich den Wein von seinem nassen Unterarm. »Sie verschütten ja die Hälfte!«

»Jetzt regn Se sich bloß nich künstlich auf! Immer mit der Ruhe, wa!« Indigniert schüttelte die Servierfachkraft die beeindruckende Lockenpracht. »Farbe hat der ja sowieso keene, also Flecken wern se davon keene kriegen!« Sprach's und rauschte von dannen, ohne sich weiter um Tisch 8 und dessen verdutzte Gäste zu kümmern.

»Ja, hat man da noch Töne!« Kohlmüller fingerte ärgerlich ein Papiertaschentuch aus der Hosentasche und betupfte sorgfältig seinen Arm. »So, wieder trocken!« Er beugte sich vor und griff zum Glas. »Na dann, sehr zum Wohlsein!«

»Zum Wohl!« Horst nahm einen tiefen Schluck, viel mehr, als er das üblicherweise tat – grade egal, ob ihn der andere als Schluckspecht einstufen würde oder nicht. Hauptsache, er entkam der trauten Weingenießerrunde so schnell wie möglich.

Aber der Durst des anderen schien im Laufe des Tages gewaltige Ausmaße angenommen zu haben. »Ah, das tut gut!« Kohlmüllers Glas präsentierte sich bereits in beeindruckender Leere. »Tu deinen Mund weit auf, lass mich ihn füllen! Psalm 81!«, fügte er rasch hinzu, bevor er das Glas wieder an die Lippen setzte, um es Sekunden später begleitet von einem wohligen Seufzer wieder auf den Tisch zu stellen.

»Donnerwetter! Sie haben aber einen guten Zug im Hals!« Horst staunte angesichts des leeren Glases.

Der Weinliebhaber neigte zufrieden lächelnd den Kopf. »Da erwachte der Herr wie ein Starker, der beim Weine fröhlich war! Psalm 78, mein Lieber!« Er rieb sich die Hände. »Tja, als Weinhändler, da muss man schon geeicht sein und nicht gleich bei einem Achtele in die Knie gehen. Da muss man mithalten können, nicht wahr?«

Angesichts der blauroten Gesichtsfarbe seines Gegenübers reifte in Horst die Erkenntnis, dass er im Fall eines Kampftrinkens zwischen ihnen beiden die Arena mit hundertprozentiger Sicherheit nur als zweiter Sieger verlassen würde. Aller eigenen Erfahrung zum Trotz! »Ach, da schau an! Weinhändler sind sie! Deshalb wissen sie so gut Bescheid! Wo ich doch gedacht habe, sie wären Pfarrer!«

Kohlmüller hob milde lächelnd die Hände. »Ja und nein ...« Horsts verwirrter Blick ließ ihn in seiner Erklärung fortfahren. »Nun ja – das eine muss das andere ja nie völlig ausschließen! Wenn sie wissen, was ich meine ...«

Horsts Miene signalisierte das Gegenteil.

»Schaue vom Himmel und nimm dich dieses Weinstocks an. Schütze, was deine Rechte gepflanzt hat. Singet fröhlich Gott, der unsere Stärke ist, jauchzet Gott! Hebt an mit Psalmen und lasst hören die Pauken, liebliche Zithern und Harfen ...« Er hielt inne, um eine bedeutungsvolle Pause einzulegen und sich gleichzeitig suchend nach der Bedienung umzuschauen. Doch von dieser war momentan weder etwas zu sehen noch (erstaunlicherweise) zu hören. »Wo ist die denn nur wieder? Ein Service ist das aber auch!« Unwirsch schüttelte der bibelfeste Weinzahn den Kopf.

»Das heißt also, sie sind hauptberuflich Weinhändler und daneben noch«, Horst suchte nach dem richtigen

Begriff, der ihm jedoch nicht einfallen wollte, »so eine Art Freizeitprediger?«

»Freizeitprediger!« Kohlmüller spuckte das Wort förmlich auf den Tisch. Er schnaubte verächtlich. »Das Wort Gottes steht über all unserem Handeln – nicht nur in der Freizeit! Gerade darin unterscheiden wir uns ja elementar von der Amtskirche und ihren Gepflogenheiten. Für uns sind das Gebet und der Kirchgang keine rein formale Hülse, die man einmal in der Woche, am Sonntag, auf sich nimmt! Für uns ist das tägliche Gebet und die tägliche Einkehr in Christus eine schiere Selbstverständlichkeit!« Er hatte sich regelrecht in Rage geredet und steigerte nun auch deutlich die Lautstärke. »Herr, schütte deinen Grimm auf die Völker, die dich nicht kennen und auf die Königreiche, die deinen Namen nicht rufen! Denn sie haben ...«

»Herr Kohlmüller! Ich bitte sie!!« Mit zornrotem Gesicht schoss in diesem Augenblick ein untersetzter Mann um die Ecke und unterbrach den phonstarken Wortschwall des Laienpredigers. »Wir haben das doch schon tausend Mal miteinander besprochen: Sie können ihre Versammlungen abhalten, das war ausgemacht! Aber nicht wo sie wollen und wann sie wollen!«

Kohlmüllers Miene verdunkelte sich. Ärgerlich glotzte er zu dem aufgebrachten Mann hinüber. »Für das Wort Gottes muss immer und überall Platz sein, Herr Seeger! Das ist meine Freude, dass ich mich zu Gott halte und meine Zuversicht setze auf Gott, den Herrn, dass ich verkündige all sein Tun!«

Seeger hob mit einer entschiedenen Geste die Hände. »Aber nicht hier und nicht immer! Das hier ist ein Campingplatz und keine Missionierungsanstalt! Es war ausgemacht: Alles zu seiner Zeit, aber auf gar keinen Fall zu jeder Zeit!«

Wutentbrannt schoss Kohlmüller in die Höhe. Seine Gesichtsfarbe hatte sich zu einem noch wesentlich dunkleren Blaurot hin verändert und die Augen sprühten Blitze. »Ich will verkündigen ewiglich und lobsingen dem Gott Jakobs. Er wird alle Gewalt, alle Gewalt der Gottlosen zerbrechen, dass die Gewalt des Gerechten erhöht werde!« Mit einem energischen Ruck wandte er sich um und stapfte grußlos von dannen.

»Was für ein Mensch!«, stöhnte Seeger kopfschüttelnd und klatschte resignierend in die Hände. »Ich habe es ihm schon hundert Mal gesagt, dass ich es als Verwalter dieses Platzes nicht dulden kann, wenn er hemmungslos drauflos missioniert und jeden anspricht, der es nicht hören will! Ich hoffe, er hat sie nicht allzu sehr belästigt?« Fragend schaute der Verwalter in Horsts Gesicht. Dann streckte er die Rechte aus. »Herzlich willkommen übrigens auf unserem Campingplatz. Ich heiße Seeger, Martin Seeger. Ich bin der Verwalter hier. Sie sind ja, glaube ich, vorhin erst angekommen, nicht wahr?«

»So ist es«, nickte Horst und deutete hinter sich. »Meine Frau und die Kinder sind dort drüben gerade dabei, die Zelte aufzubauen. Mich haben sie so lange hierher geschickt!« Er grinste verlegen und suchte schnell nach der passenden Erklärung, weshalb er nicht mit Hand anlegte. »Selbst ist die Frau heutzutage, wenn sie wissen, was ich meine ...«

Seeger hatte verstanden und nickte vielsagend. Oder schien da nicht doch vielleicht ein winziges doppeldeutiges Lächeln seine Mundwinkel zu umspielen? Bevor Horst mit sich darüber ins Reine gelangen konnte, fuhr der Verwalter mit seiner Erklärung fort. »Also wissen sie, der Kohlmüller, der kommt nun schon seit fünf oder sechs Jahren hierher. Ist ein Dauergast sozusagen. Dagegen ist ja weiß Gott nichts einzuwenden, im wahrsten Sinn des Wortes nicht. Nur: Diese ewige Missioniererei! Der ist dermaßen vom Heiligen Geist ergriffen ... Und dann diese alttestamentarische Wortwahl, die er meistens draufhat. Ich sag's ihnen, manchmal fragt man sich direkt, ob da der christliche Bin Laden vor einem steht, wenn er wieder gnadenlos über alles und jeden herzieht! Von wegen »Barmherziger Gott«. Der versucht ganz massiv, die Leute durch Einschüchterung auf seine Seite zu ziehen. So, wie man das von früher her kennt. Wenn du nicht jeden Tag in die Kirche gehts, dann kommst du in die Hölle! Aus, Schluss! Wer nicht für mich ist, der ist gegen mich! Also – ich sag's ihnen, selbst unser Pfarrer schlägt mittlerweile drei Kreuze, wenn er dem Kohlmüller in die Arme läuft. Andererseits, die Amtskirche hat diese Sekte nicht offiziell als geächtet erklärt, ganz im Gegenteil! Das Mysterium Christi, so nennen die sich, scheint nach Auskunft unseres Pfarrers sogar über allerbeste Verbindungen bis in die Kirchenspitze hinein zu verfügen!«

Trotz der gut und gerne dreißig Grad im Schatten, die auf dem Campingplatz mittlerweile herrschten, fühlte Horst schlagartig Eiseskälte in sich hochsteigen. »Wer?! Wie heißen die?!«

»Mysterium Christi«, bekräftigte der Verwalter. »Das ist irgend so eine evangelische Sekte, die hauptsächlich im Raum Heilbronn-Hohenlohe ihre Anhänger hat. Lauter wichtige Leute, heißt es – und viele Geldleute dazu. Na ja, der Kohlmüller, der scheint auch nicht am Hungertuch zu nagen. Da brauchen sie sich bloß mal dem seinen Benz anzuschauen: S-Klasse, aber vom Feinsten! Obwohl er ja aus Weinsberg kommt, hat es ein Mercedes sein müssen, denn Audi fährt in der Region ja jeder. Man muss sich schon noch absetzen, vom gemeinen Fußvolk, nicht wahr? Da ist es dann eben doch wiederum ganz schnell zu Ende mit der christlichen Demut und dem ganzen heiligen Getue! Da geht's dann halt eben doch um ganz normale, ganz popelige menschliche Eitelkeiten! Oh!« Der Verwalter unterbrach sich und musterte Horst forschend. »Ist was, Herr Meyer? Hab ich jetzt etwa was Falsches gesagt? Das würde mir aber Leid tun! War nicht so gemeint ...« Er zuckte ratlos die Schultern.

»Wie? Was? Nein, nein! Alles in Ordnung, Herr Seeger!« Horst schüttelte verneinend den Kopf und fuhr sich mit den Händen energisch mehrmals über die von einer Gänsehaut überzogenen Unterarme. »Ich hab nur

... ich meine ... ich musste nur grade an etwas denken ...
War etwas ganz anderes! Nein, alles in Ordnung! Danke!«

Der Verwalter atmete erleichtert durch. »Na, da bin
ich aber froh. Es dauert halt manchmal auch einfach ein
paar Tage, bis man im Urlaub richtig abschalten kann,
gell! Und wenn man dann gleich noch so überfallen
wird, wie sie da eben von unserem Wanderprediger,
dann ist es kein Wunder, dass man nicht in die richtige
Urlaubslaune kommt.« Seeger erhob sich. »So, ich muss
mal wieder rüber und nach dem Rechten schauen. Wie
wär's noch mit einem Viertele Tauberschwarz? Gar
nicht so schlecht, unsere Wiederentdeckung, gell?«

Horst nickte nachdenklich, was Seeger offensichtlich falsch auslegte – aber egal: »Keine Sorge, den spendiere ich! Dieses Glas geht aufs Haus, sozusagen als
Willkommenstrunk im Taubertal! Also dann«, er streckte die Hand aus, um sich zu verabschieden. »Ich wünsche ihnen einen schönen Urlaub bei uns in Creglingen
und gute Erholung! Tatjana!« Er winkte der blonden
Lockenpracht von Bedienung, die lässig am Tresen
lehnte und ihre in sämtlichen Regenbogenfarben schil-
lernden Fingernägel gerade einer intensiven Behand-
lung durch ihre Reihe blitzblanker weißer Zähne unterzog. »Tatjana! Noch ein Viertele Tauberschwarz für
den Herrn hier! Geht aufs Haus, verstanden?«

Tatjana zog die Finger aus dem Mund und wedelte
mit den frisch gestutzten Nägeln ein verstehendes Zeichen in Richtung des Chefs, der sich lächelnd von Horst

verabschiedete. »Na ja: Servicepersonal im 21. Jahrhundert ... Ich sag's ihnen ... Aber gut, sie wird's schon noch lernen! Also dann, auf ihr Wohl und noch mal schönen Urlaub!«

Urlaub! Horst schloss die Augen, um all die Gedanken zu sortieren, die in den letzten Minuten in chaotischen Kaskaden durch sein Gehirn geschossen waren. Was hatte das alles zu bedeuten? Zufall? Reiner Zufall? Übersteigerte Fantasie eines überarbeiteten Kriminalisten? Religiöser Wahn? Selbstmord? Kochertalbrücke ... Heilbronner Geschäftswelt ... Weinsberger Weinhändler ... Hohenlohe ... Predigten ... Toter Autohändler ... Gerichtsmedizin ... Eindeutiger Selbstmord ... Reine Indizienkette ... Akte geschlossen ... Routine-Angelegenheit ... Zu schnell zur Tagesordnung übergegangen ...

Kapitel X

Eine schrille Stimme unmittelbar an seinem Ohr riss Horst brutal aus den düsteren Gedanken, die ihn völlig in Beschlag genommen hatten.

»Na, det ham se aber fein hinjekriegt! Ick muss schon sagen: Alle Achtung, wa!«

Der Kommissar öffnete irritiert die Augen – und starrte direkt auf zwei üppige Hügel, die ihm sanft aus einer weißen Bluse entgegenwogten und eine ungehinderte Sicht auf die Reize der attraktiven Landschaft ringsum – zumindest für den Augenblick – unmöglich machten.

Das blonde Wunder! »Jetzt is mir och klar, weswegen se keene janze Flasche bestellt ham, wa! Wenn der Chef die janze Chose eh selbst bezahlen tut, gelle! Nich schlecht, die Taktik, wa!« Ein Weinglas mit rötlichem Inhalt schob sich zwischen Horst und die Hügel. »Na denn, wohl bekomms, der Herr!«

Wiederum registrierte Horst staunend die Farbenpracht der ganz offensichtlich von der örtlichen Maler- und Lackiererinnung gesponserten Fingernägel. Ein kunterbuntes Durcheinander – gerade so wie die heftig durchmischten Gedanken in seinem Kopf. Andererseits, die waren weniger fröhlich, eher schon ...

»Na da schau mal einer an! Was sagt der fassungslose Mensch denn dazu?!«

Wieder so eine Stimme! Wieder laut und kräftig! Diesmal sogar bekannt! Nur allzu bekannt! Natürlich!

Horst brauchte sich gar nicht umzudrehen. Dieses Organ, das konnte nur einem gehören: Protnik! Der alte Freund und Kollege aus lange vergangenen Ulmer Kripotagen! Und er war es – und wie!

»Da guck mal, Uschi! Unser Hotte! Wie er leibt und lebt! Der alte Schwerenöter!« Die letzten Silben waren noch nicht verklungen, da donnerte schon der Dampfhammer in Form von Protniks Rechter auf die Schulter seines wehrlosen Opfers.

»Und kaum ist die Claudia aus der Sichtweite, schon umgibt er sich wieder mal mit lauter hübschen blonden Frauen! Also wirklich!«

Auch diese Stimme kannte er – gut, um nicht zu sagen allzu gut! Uschi Abele, genannt Bebele, die Freundin des Sputnik und gefürchteter Bürodrachen bei der Ulmer Mordkommission: (über-)gewichtig, scharfzüngig, nachtragend ... Mühsam rappelte Horst sich wieder auf und rieb sich die schmerzende Schulter.

»Mensch, Sputnik! Musst du einen aber auch wirklich immer ungespitzt in den Boden rammen? Wir sind hier im zivilisierten Westen, und nicht in der sibirischen Taiga!«, spielte er auf Protniks Herkunft als Russlanddeutscher an, die eben manchmal immer noch unschwer an den recht rustikalen Umgangsformen des Kollegen festzumachen war. »Und wenn wir schon dabei sind«, er kniff die Augenbrauen zusammen und sandte einen warnenden Blick in Richtung Bebele. »Das war eine ganz stinknormale Bedienung, die mir grade eben ein Viertele Wein gebracht hat, nicht mehr und nicht weniger! Ich begreife wirklich nicht, wie man immer nur an das eine denken kann, Uschi – und das in deinem Alter!«, schickte der in seiner Urlaubslaune nun schon mehrfach gestörte Kommissar gleich noch einen Giftpfeil hinterher.

»Na, wie auch immer!« Grinsend ließ sich Protnik auf den Stuhl neben Horst sinken und strahlte den alten Kumpel freudig an. »Na, was sagst du? Da sind wir!«

»Na, so was! Ihr werdet es nicht glauben, aber das sehe ich – und, das spüre ich!«, knurrte Horst säuerlich und fasste sich mit einer theatralischen Geste an die malträtierte Schulter.

»Und weshalb schaltest du eigentlich nie dein Handy ein, wenn man dich erreichen will?«, begann das Bebele mit der Auflistung Meyerscher Verfehlungen der letzten 24 Stunden.

»Weil ich die Dinger einfach nicht leiden kann – das weißt du ganz genau!«, brummelte Horst, der es mit Mühe fertig brachte, nicht Raketen gleich durchzustarten, in Richtung der Fragestellerin. »Und außerdem: Empfang kriegst du hier sowieso keinen – das Taubertal ist noch eine richtige Insel der Seligen. Handyfreie Zone sozusagen!«

Die gewichtige Lady wiegte skeptisch den Kopf. »Könnte aber auch am falschen Kartenvertrag liegen. Wenn man halt nur so einen Billiganbieter nimmt, der kein richtiges Netz ...«

»Was soll's?«, wurde sie in diesem (für den weiteren Gang der Dinge entscheidenden) Moment von ihrem

Lebensabschnittsgefährten lautstark unterbrochen. »Ich hab Durst, und zwar eine ganze Menge! Wie steht's denn mit dem Weizenbier auf dem Platz?«

Während der Fragesteller einen zutiefst missbilligenden Blick seiner Begleiterin erntete, sandte ihm Horst ein dankbares Augenzwinkern hinüber. Der Sputnik hatte die sich mehr und mehr zuspitzende Gespräch mit seiner genauso phongewaltigen wie geistesgegenwärtigen Weizenbierfrage im letzten Augenblick entspannt – und dies todesmutigerweise sogar um den Preis einer harschen abendlichen Diskussion.

»Weiß ich nicht«, gab Horst zur Antwort. »Aber ich denke, die haben schon was Gescheites im Keller. Ich für meinen Teil bleibe beim Tauberschwarz.«

»Tauberschwarz! Igitt! Was für ein furchtbarer Name!« Die Kanaille wollte anscheinend einfach nicht klein beigeben, nicht um alles.

»Erst probieren, dann drüber herziehen«, zischte Horst in Richtung der Unruhestifterin.

»Na, meinetwegen! Wenn du mich schon so nett auf ein Viertele einlädst!« Uschi strahlte mit der hellen Augustsonne fröhlich um die Wette.

Während Protnik verlegen mit den Schultern zuckte und sich anschließend der Aufgabe einer raschen Bestellung widmete, ging das Duell in die nächste Runde.

»Also, dann sag schon, was ist das für ein Gesöff, dieser Tauberschwarz? Irgend so ein Mixzeugs, oder wie?«

»Na, da liegst du aber mal wieder ganz schön kräftig daneben. Das ist ein Rotwein: Alte Lokalsorte, zu neuem Leben erweckt vor ein paar Jahren«, spielte Horst den Überlegenen und breitete sein erst kürzlich erworbenes Wissen triumphierend vor der Kontrahentin aus.

»Das wird dann ja ein schönes Gebräu sein, du meine Güte«, gab sich diese jedoch immer noch nicht geschlagen, um postwendend noch eines draufzusetzen. »Na gut: Einem geschenkten Gaul schaut man nicht ins Maul! Probieren kann ich das Zeugs ja mal!«

»Hallo, hier!«, wedelte Protnik heftig mit den Armen und unterbrach damit den weiteren Verlauf des weinbaulichen Fachdisputes genauso abrupt wie effektvoll. »Ein Weizen, bitte! Ein schnelles, wenn's geht.«

Die Adressatin der lautstark über den Platz geschmetterten Bestellung runzelte indigniert die Stirn und nahm den Störenfried langsam und kritisch ins Visier. »Immer mit die Ruhe, wa!«, schallte es daraufhin in nicht minder deutlicher Tonart zurück, um sich nach vollbrachter Antwort wieder umzuwenden und neuerlich der sorgfältigen Reparatur verschiedenster Lackschäden auf den Nagelkuppen zuzuwenden.

»Ja, das gibt's doch gar nicht! Die hat vielleicht die Ruhe weg!« Protnik verkörperte die Empörung in Person. »Die haben's wohl nicht nötig hier, oder?« Er schickte einen zornigen Blick in Richtung Tresen, wo das blonde Wunder offenbar auch den letzten Kratzer erfolgreich ausgepinselt hatte und sich nun in beeindruckender Behäbigkeit der ultimativen Trocknung des farbenprächtigen Gesamtkunstwerkes widmete.

»Die Wiederentdeckung der Langsamkeit«, grinste Horst freudestrahlend in Richtung des verdurstenden Kollegen. »Noch nie etwas von slow food gehört, was?«

»Schlau was?« Protnik war weitaus weniger bereit als sein Freund, sich auf das Feld der ernährungsphilosophischen Erkenntnis zu begeben. »Ich hab Durst, und nicht zu knapp! He, Fräulein!« Wieder wedelte er, dieses Mal schon deutlich weniger euphorisch, zu dem nunmehr perfekt gestylten Farbmodel hinüber.

»Is ja schon gut, wa! Was soll's denn nun sein, für eines?« Die Serviererin schien keine Anstalten zu machen, sich an den Tisch mit den durstigen Kehlen zu bemühen. Die Bestellung konnte man ja schließlich auch durch einfaches Zurufen bewerkstelligen.

»Ein Bier, ein Weizenbier, bitte!«, nahm Protnik den Faden lautstark auf, um anschließend noch ein säuerliches »Doppelt hält wohl besser!« hinterherzuknurren.

Doch die Getränkeorder schien alles andere als eindeutig verlaufen zu sein. »Hefe oder Kristall?«, schallte es quer durch die Gartenwirtschaft zurück.

Protnik verdrehte die Augen. »Hefe natürlich!«, gab er postwendend zurück. Die wenigen Gäste, die bisher mehr oder minder schläfrig in der Sommerhitze auf ihren Stühlen vor sich hingedöst hatten, waren nun allesamt erwacht und verfolgten den Wortwechsel mit steigender Aufmerksamkeit. Fast wie bei einem Tennismatch wanderten die Köpfe hin und her, um beim Gang der Dinge permanent auf der Höhe des Geschehens zu bleiben.

»Hell oder dunkel?« stieg die Kontrahentin fröhlich in die nächste Runde ein.

Protnik offenbarte – genervt wie er sich gab – deutliche Anzeichen einer ersten Schwäche. »Hell natürlich!« Entschieden verschränkte er die Arme vor der Brust und lehnte sich erschöpft zurück: »So, das dürfte es dann aber wohl gewesen sein! Mehr Möglichkeiten gibt's nimmer!«

Von wegen! »Tucher oder Sanwald?« Der Ring war freigegeben für den dritten Schlagabtausch.

»Ich fasse es nicht! Die macht mich fertig!« Ungläubig stierte der Sputnik auf eine imaginäre Sommersprosse in Horsts Gesicht. »Tucher verflucht noch mal!«

»Allet klar, wa. Ein hellet Tucher! Kommt sofort!« Der Kampf schien beendet!

»Na, Gott sei Dank! Endlich!« Protnik schüttelte leise den Kopf, während die übrigen Gäste allmählich ihr Haupt senkten und langsam in den vorhin unterbrochenen Dämmerzustand zurückfielen.

Sekunden später fuhren die Köpfe wieder in die Höhe.

»Tucher is aus!«, prasselte die Erkenntnis schwer auf den vermeintlichen Sieger hernieder.

»Wie, aus?« In Protnik begannen erste heftige Zweifel am korrekten Lauf der Erdenscheibe aufzukeimen.

»Na, aus eben! Aus is aus, klaro?« Mit dem Verständnis schien es beiderseitig ziemlich zu hapern.

Der aus heiterem Himmel attackierte Weizenbier-Fan streckte die Waffen. »Dann eben ein Sanwald – meinetwegen!« Er sandte einen hoffnungslosen Blick zu seinem Kollegen. »Die macht mich fertig, die Tussi!«

»So schnell geht das, Donnerwetter!«, gab Horst grinsend zurück. »Arme Uschi. Da musst du aber gewaltig Seelenmassage betreiben, heute Abend!«

Bevor sich die so Angesprochene darüber im Klaren sein konnte, wie weit dieser Ausspruch in die Kategorie Ernsthaftigkeit abzulegen war, zündete das Schlachtross am Tresen die nächste Stufe. »Also – dunklet Tucher hätten wir schon noch, nur halt kein hellet, wa!«

»Ist mir auch egal, mach doch was du willst«, winkte der mehrfach geschlagene Kriminalist nur noch müde ab. »Dann eben ein dunkles, von mir aus!«

»Aber Michael! Du magst doch gar kein dunkles!« Nun war es an Uschi, am Gang der Weltgeschichte zu zweifeln.

»Komm, lass mich! Ich hab keine Lust, mich im Urlaub auch noch aufzuregen, wegen so einer Ossi-Tussi da! Die kann mich mal kreuzweise!«

»Tussi! Du weißt, dass ich das Wort partout nicht leiden kann!« Aus Uschis Augen sprühten Funken. »Ich hab dir doch schon ... «

Weiter kam sie nicht, denn im selben Moment nahte die Bedienung mit dem lang ersehnten Erfrischungsgetränk. »So, bitte schön, der Herr, eenmal Tucherweizen, wie gewünscht!« Sprach's und platzierte ein imposant von unten bis oben mit hellem Schaum ge-

85

fülltes Weizenbierglas vor dem entgeisterten Protnik. »Und da is dann noch die Flasche dazu! Ich krieg et einfach nich hin, das Ding uf eenmal ins Glas zu kippen, wa! Aber sie sehn mer nich so aus, als würden Se sich nich selber helfen können, wa?« Damit stellte sie die nach wie vor wohlgefüllte Flasche, aus deren Hals langsam aber stetig weißbrauner Schaum ans Tageslicht quoll, neben das Glas und stöckelte aufreizenden Schrittes wieder davon.

»Mensch, lieber Schieber, kann die mit dem Ärschle wackeln!«, nickte Horst anerkennend. »Sag noch einer, von den Ossis könne man nichts mehr lernen, was Uschi?«, grinste er zu seiner ehemaligen Sekretärin hinüber.

»Warm! Ich hab's geahnt! Das Zeug ist brühwarm!« Protnik hatte sich der Flasche bemächtigt und war gerade dabei, das schaumgefüllte Glas vorsichtig zu befüllen, als ihn urplötzlich und schicksalsträchtig die Erkenntnis der falschen Weizenbier-Temperierung ereilte. »Irgendwann werde ich zum Massenmörder, das schwör ich euch! Das Zeug, das klebt ja fast, so warm ist es! Also, mir ist die Lust auf ein Bier vergangen, und zwar kräftig!«

Noch Stunden später konnte Horst einfach nicht anders und musste prustend lachen, als er Claudia die Geschichte zum wiederholten Mal zum Besten gab.

Kapitel XI

»Also, ich sag dir, der hat ein Gesicht gemacht wie zehn Tage Regenwetter!« Horst klatschte sich amüsiert auf die Schenkel, während er seiner Claudia die Szene in all ihren Verästelungen beschrieb, die schließlich dazu geführt hatte, dass der Freund und Kollege längst nicht mehr so freudestrahlend wie zu Beginn seines Besuches auf dem Campingplatz – nach einer hektischen kurzen Begrüßung der restlichen Familie – zusammen mit dem Bebele relativ rasch wieder das Weite gesucht hatte.

»Und was tun die? Auf die Pirsch gehen?« Claudia schüttelte – immer noch verblüfft über das vorhin Gehörte – den Kopf. »Blockhaus mit Rehabschuss? War das denn wirklich ernst gemeint?«

»Und wie!«, lachte Horst. »Du kennst doch den Sputnik! Es gibt keine noch so abstruse Geschichte, in die er nicht seine Nase hineinstecken würde! Doch! Die beiden sind schnurstracks zur Touristinfo nach Creglingen gefahren, und dort haben sie dann so einen Prospekt liegen sehen: Blockhaus mit Rehabschuss. Kostet runde 600 Euro für eine Woche, das Blockhaus samt garantiertem Rehabschuss. Das Haus hat acht Betten. Da hat die Uschi tatsächlich gefragt, ob wir nicht auch zu ihnen kommen wollten, anstatt im Zelt zu liegen und ...«

»Nein!«, fuhr Claudia energisch dazwischen. »Das hätte mir grade noch gefehlt: Die nervige Uschi Tag

und Nacht an der Backe kleben zu haben! Nein, danke.
lieber verzichte ich auf den ganzen Urlaub und fahre
wieder heim!«

»Gemach, gemach!«, wiegelte Horst besänftigend
ab. »Ich hab denen diesen Zahn sofort gezogen, keine Sorge!« Er beugte sich vor und sah direkt in die
Augen seiner Ehefrau. »Aber jetzt stell dir doch bitte mal diese Szene vor: Der Sputnik samt seiner ku-
geligen Uschi auf der Pirsch im Creglinger Wald.
Das ist doch zum Schießen – im wahrsten Sinn des
Wortes!« Wieder klatschte er sich begeistert auf die
Schenkel.

»Also, ich nehm ein Mal Spätzle mit Soße!«, ließ
sich Tochter Nina nach intensivem Nachdenken vor
der aufgeklappten Speisekarte nunmehr vernehmen und
beendete damit fürs Erste den waidmännischen Dis-
kurs der beiden Erwachsenen.

»Na, was anderes hätte mich auch schwer verwundert«, lächelte Horst in Richtung seiner sechsjährigen
Tochter, die regelmäßig – obwohl des Lesens noch ganz
und gar nicht mächtig – darauf bestand, eine eigene Speisekarte zur Auswahl der diversen Köstlichkeiten aus-
gehändigt zu bekommen. »Wo du doch seit mindestens
drei Jahren nie etwas anderes herausgesucht hast!« Nina
hatte sich so durch ihre doch eher reduzierte Wahl-
bereitschaft immerhin zur ungeschlagenen Expertin in
Sachen »Spätzlesrangliste in den Gaststätten des deutschen Südwestens« gemausert. Auf Anhieb konnte sie
einem zumindest diejenigen Wirtschaften aufzählen, in

denen die besten Spätzle samt Bratensoße serviert wurden. »Obwohl, da guck mal: Ein toller Fisch ist auch auf der Karte! Wie wäre es denn damit?«

»Igitt! Fisch!« Die Meyer-Tochter schüttelte sich angewidert. »Bloß das nicht!« Nachdenklich und mit einem Mal skeptisch verzog sie den Mund. »Hoffentlich schmeckt dann die Soße nicht nach Fisch ...«

»Quatsch! Wie kommst du denn darauf!«, schaltete sich nun auch Fabian in die Spätzles-Debatte ein. »Also, ich nehm auf jeden Fall ein Mal Schniposa!«

»Wie immer!« nickte Horst.

»Wie immer!« bestätigte Fabian.

Horst spähte zum Nachbartisch hinüber. Dort hatten die Gäste gerade eben ihr Essen bekommen. »Hört sich gut an und schaut auch gut aus«, nickte er in die Richtung des anderen Tisches. »Nehme ich also auch! Aber du suchst dir bitte etwas ganz Besonderes aus, mein Schatz!« Er drückte einen zärtlichen Kuss auf Claudias Wangen. »Wo du mir doch dermaßen aus der Patsche geholfen hast mit den Zelten!« Er warf einen anerkennenden Blick hinter sich in Richtung Campingplatz. »Das hätte – wieder mal – mit einem Desaster geendet, wenn ich die Dinger da hätte aufbauen müssen! Also, wie du das immer so einfach hinbekommst... Ist mir ein völliges Rätsel ... Na ja, man muss halt wissen, was man kann und was man nicht kann. Also, was nimmst du denn?«

Claudia deutete mit dem Zeigefinger auf die obere Hälfte der Speisekarte. »Da, ich nehm den Fisch. Hört sich doch gut an: Zanderfilet an Currysoße mit frischen Saisonsalaten. Ja, doch! Das nehm ich!«

»Also gut!« Horst schnippte mit den Fingern nach der Bedienung. »Hallo, Fräulein! Wir wären so weit!«

»Anscheinend können Se heute von mir gar nich mehr genug bekommen, wa?«, zeigte sich das Fräulein wenig später von seiner charmantesten Seite. »Also dann man los: wat darf ich ihnen denn nu bringen?«

»Also«, Horst zog es vor, erst gar nicht in den verbalen Schlagabtausch mit der überlegenen Schlabbergosch einzutreten und deutete auf seine bessere Hälfte. »Meine Frau bekommt den Zander, für meine Tochter bitte Spätzle mit Soße und mein Sohn und ich, wir nehmen zwei Mal Schniposa!«

»Schnipo...wat?« Der heruntergeklappte Unterkiefer der Bedienung offenbarte eine beeindruckende Reihe großer blitzblankweiß strahlender Zähne, während die Frau ratlos auf den Besteller der kulinarischen Ungeheuerlichkeit hinunterglotzte.

»Schniposa«, strahlte Horst. »Zwei Mal Schniposa, bitte schön! Ein Mal für mich – und ein Mal für meinen Junior da!« Er deutete mit dem ausgestreckten Arm auf den neben ihm sitzenden Fabian, der in diesem Moment bestätigend und freudig mit dem Kopf nickte.

»Ja watt denn, watt denn?! Wolln Se mir denn etwa uffn Arm nehmen?« Die Serviererin schnaubte empört. »Watt solln det für ne Kacke sein, dieset Schnibrosa?«

»Schniposa«, verbesserte Horst maliziös lächelnd. »Schni für Schnitzel, Po für Pommes und Sa für Salat:

Schniposa eben, Schnitzel mit Pommes und Salat, ganz einfach. Klar wie Kloßbrühe oder aber, um bei der Terminologie zu bleiben: Genauso beliebt wie LKW!«

»LKW!« Die Berlinerin schien ganz allmählich auch das letzte bisschen an Contenance einzubüßen. »Wat hatt denn 'n LKW mit 'n Essen zu tun, wa?«, schnauzte sie empört drauflos.

»LKW heißt nur LKW, ist aber kein LKW«, strahlte der Urlauber zuckersüß zurück.

»Aha! Is keen LKW, heeßt nur so! Na wunderbar!« Die Kellnerin stemmte energisch die Hände in die Hüften und baute sich drohend vor ihren Gästen auf. »Und was is det nu in echt? Das werdn se mir doch sicherlich verraten, wa?«

»Aber klar doch«, beeilte sich Horst mit seiner Versicherung. »Das ist ganz einfach: LKW, das ist die Abkürzung für Leberkäsweck – L für Leber, K für Käse und W für Weck. Brötchen auf hochdeutsch und Schrippe auf Berlinerisch, wa!«, setzte er noch ein Sahnehäubchen obendrauf.

»Aha!« Der Servierdrachen schien sich tatsächlich der Tortur des Nachdenkens zu unterziehen, dabei aber ganz offenkundig auf der Stelle zu treten. Die beste Gelegenheit, ein weiteres Brikett draufzusatteln.

»Obwohl«, begann Horst vorsichtig. »Das mit dem Leberkäse ist ja so eine Sache ... Das ist nämlich so«, fuhr er langsam fort, als er das kritische Stirnrunzeln gewahrte, das von Sekundenbruchteil zu Sekundenbruchteil in beeindruckender Geschwindigkeit zunahm.

»Der Leberkäse ist in Wirklichkeit ein Fleischkäse, und der Käse ist auch gar kein Käse, sondern eher so eine Art Brät, Fleischbrät gewissermaßen, man könnte aber auch ...«

»Ach, lassen Se mir doch in Ruhe! Det interessiert mir nicht die Bohne, der janze Mist da, wa. Bin froh, wenn ick endlich wieder in Berlin bin, det können Se mir globen, wa!« Sprach's und stapfte mit raschen Schritten lokalwärts.

»Und dabei heißt es doch immer Reisen bildet! Das scheint der Madam da aber völlig schnuppe zu sein. Na ja! Schade eigentlich!«, grinste Horst dem aufgebrachten Blondchen hinterher. »Und was wir zu trinken wollen, das hat die anscheinend auch nicht interessiert! Pech gehabt, wa?«, lachte er daraufhin prustend los.

»Horst!« Ein strenger Blick aus Claudias Augen brachte ihn zum Verstummen. »Mach jetzt aber bitte mal halblang! Ich hab nämlich keine Lust darauf, eine ganze Woche lang tagtäglich eine Art Kleinkrieg führen zu müssen, wenn ich hierher in die Wirtschaft komme. Wir haben Urlaub und befinden uns nicht im Ausnahmezustand!«

»So eine Art Ausnahmezustand ist das für mich schon, wenn ich die Polizeidirektion mal ein paar Tage lang nicht sehen muss!«, gab Horst zu bedenken, bestand nach einem weiteren Blitz aus Claudias Richtung nicht länger auf dieses Thema. »Hallo, Wirtschaft«, rief er laut in Richtung Tresen hinüber, an dem in diesem Moment ein dunkelhaariger Junge aufgetaucht war, der offensichtlich ab und zu als Aushilfe in der Gaststätte fungierte. »Zwei Mal Tauberschwarz und zwei Apfelschorle, bitte!« Der Junge hob bestätigend den Arm. Na bitte: Wenigstens der hatte verstanden!

»Also! Dann wollen wir mal darüber nachdenken, was in den nächsten Tagen so alles auf dem Programm stehen könnte«, begann Claudia das eigentliche Thema aufzunehmen, nämlich den weiteren Verlauf des Meyerschen Urlaubs im schönen Hohenlohe. Doch es kam – wieder einmal – ganz anders als geplant.

»Ja, da schau an, das ist doch der Herr Meyer von der Kripo!«, schallte just in diesem Augenblick eine laute Stimme durch die Gartenwirtschaft. Verwundert drehten nicht nur die Meyers, sondern auch die anderen Gäste den Kopf in Richtung des Neuankömmlings, der den überraschten Ausruf gerade eben von sich gegeben hatte.

»Wer ist das denn?« Ärgerlich zog Claudia die Stirn in Falten und musterte den großen schlanken Mann kritisch, der sich dem Tisch der Meyers freudestrahlend näherte.

Horst zuckte ratlos die Achseln. »Keine Ahnung«, murmelte er. »Möchte mal wissen, woher der mich kennt!«

Die Aufklärung wurde ihm postwendend zuteil. »Na, Herr Meyer, ich seh schon, sie können sich momentan gar nicht an mich erinnern! Kein Wunder!« Der Mann war mittlerweile vor Horst stehen geblieben und streckte freudestrahlend die Hände zum Gruß aus. »Das ist ja wohl auch schon sicherlich drei, wenn nicht sogar vier Jahre her, als wir uns das letzte Mal über den Weg gelaufen sind. Aber ich habe halt ein ganz gut funktionierendes Personengedächtnis, deshalb kenne ich sie noch ganz genau. Ulm! Wenn sie wissen, was ich meine«, setzte er mit verschwörerischem Unterton noch hinzu. »Damals – in Ulm!«

Horst wusste nicht. »Keine Ahnung!«, schüttelte er ratlos den Kopf, um sich anschließend vorsichtig umzublicken. Und tatsächlich: Die gesamte Besatzung der gut gefüllten Gartenwirtschaft schien sich brennend für die Tatsache zu interessieren, dass ein Kripomann mitten unter ihnen hockte und – womöglich sogar (!) – gerade in einem besonders delikaten Fall ermittelte. Undercover sozusagen! »Setzen sie sich doch bitte!«, raunte er dem Lautsprecher mit gedämpfter Stimme zu und zog einen freien Stuhl an den Tisch der Meyers heran. »Und bitte: Ich habe Urlaub! Alle Leute hier, die scheinen ja glatt zu meinen, dass ich dienstlich vor Ort bin und in Sachen Mord und Totschlag ermittle!«

»Mord und Totschlag!«, posaunte der andere fröhlich hinaus, was wie geahnt zur Folge hatte, dass die Köpfe der Gartenwirtschaftskunden neuerlich in kürzester Zeit dem Meyerschen Tisch zuflogen.

»Bitte!« Am liebsten wäre der Kommissar aufgesprungen und dem Kerl an die Gurgel gefahren. Aber das hätte neben einem noch größeren Aufsehen dann später auch noch eine Anzeige wegen Körperverletzung nach sich gezogen. Also, durchatmen und Ruhe bewahren! »So – und jetzt helfen sie mir bitte mal auf die Sprünge: Woher also kennen wir uns?«

»Na, das war damals, in Ulm! Ich war Urlaubsvertreter unseres Radiokorrespondenten. Und da haben sie in diesem merkwürdigen Fall ermittelt ...« Der Radiomann machte eine bedeutungsschwangere Pause und musterte den Kommissar eindringlich. »Sie scheinen nicht draufzukommen, oder?«

»Nein«, knurrte Horst, dem der Sinn nun wirklich nicht nach Ratespielen stand. »Und merkwürdige Fälle habe ich schon mehr am Hals gehabt als mir das lieb war ...«

»Schöne Formulierung«, begeisterte sich der Störenfried. »Am Hals gehabt ...« Er registrierte das unwillige Zucken, das über Horsts Gesichtszüge huschte. »Schon gut, Herr Meyer. Also, das war damals dieser Fall, der in Ägypten begonnen hat und der in Osttirol eine ganz seltsame Wendung genommen hat, in Lienz, glaube ich, haben sie damals sogar ermittelt ...«

»Nein, Matrei! In Matrei war's, nicht in Lienz!« Dem Kommissar ging allmählich ein Licht auf. »Der Fall mit dem verunglückten Taucher aus Ulm und dann die Parallele mit dem Bergunfall ein paar Jahre vorher. Und die Freundin von beiden Verunglückten ...«

»... die sich dann umgebracht hat!«, wurde er von dem heftig nickenden Journalisten unterbrochen. »Das war schon eine komische Geschichte damals ...«

»Also komisch würde ich das ja nicht gerade nennen!«, warf Horst kopfschüttelnd dazwischen.

»Sie wissen doch, was ich meine! Auf jeden Fall: Das war damals mein erster Mordfall, über den ich berichten sollte. So was bleibt einem im Gedächtnis haften! Wie gesagt: Es war ungewöhnlich genug. Ihr damaliger Chef«, der Journalist kratzte sich nachdenklich am Kopf, »Unterberger oder wie der hieß ...«

»Unterhauser«, verbesserte Horst, dem der Name seines heißverachteten dienstlichen Intimfeindes jedes Mal bei der bloßen Erwähnung einen heftigen Stich in der Magengrube verursachte.

»Unterhauser! Ja richtig, so hieß der!«, bestätigte der andere heftig nickend. »Das war vielleicht so ein merkwürdiger Zeitgenosse! Immer dann, wenn klar war, dass sie etwas Habhaftem auf der Spur waren, ist der dazwischen gefahren und hat uns Journalisten ausgebremst! Wenn wir seinerzeit nicht die Hintergrundinformationen gehabt hätten, die von ihnen gekommen sind, wir hätten überhaupt nichts berichten können und der ganze Fall wäre im Sande verlaufen. Das war schon auch ein Lehrstück in Sachen Journalismus und Umgang mit Informationen, da habe ich viel gelernt, damals!« Wieder nickte der andere, diesmal anerkennend und durchaus nachdenklich.

»Tja – und mir hätte es um ein Haar eine Abmahnung eingetragen!«, verzog Horst ärgerlich die Mundwinkel. »Der hat ja immer gemutmaßt, dass die Informationen durch mich geflossen sind. Aber beweisen hat er es letztendlich nicht können. Und dabei hat er den ganzen Fall eigentlich totschweigen wollen, aus welchen Gründen auch immer. Irgendwie muss ihm da auch Stuttgart im Nacken gesessen sein, und er hat Angst gehabt, dass die ganze schön gezimmerte Karriere in die Binsen geht!«

»In die Binsen!« Der Journalist schnaubte angewidert. »Der ist mittlerweile Kriminaldirektor beim Landeskriminalamt geworden, hab ich neulich gehört. Solche Herrschaften machen Karriere. Die kriegen immer noch rechtzeitig die Kurve. Abmahnungen, die bekommen andere! Schauen sie mich an!«, deutete er sich mit den Fingern an die Brust. »Mich haben sie strafversetzen wollen, weil ich immer mal wieder kritische Äußerungen getätigt habe, bei uns im Sender. Dabei ist es mir ja nur ums Programm gegangen: Ich wollte nicht, dass der Sender im Quotenkeller landet ...«

«Der freie Fall endet nach Newton immer ganz unten im Tal der Ahnungslosen oder im Flachland.«, unterbrach Meyer ihn.

»... aber anstatt mir mal zuzuhören oder mit mir zu diskutieren, haben sie mir die gelbrote Karte gezeigt, damals ...« Er stierte einen Augenblick lang trübe auf die Tischdecke. Dann hob er den Kopf und nickte Horst Meyer zu. »Ich weiß nicht, ob ihnen das noch etwas sagt: Die Spätzles-Affäre ...«

Wie auf ein Stichwort hob Nina, die der Unterhaltung bisher allerhöchstens beiläufig gefolgt war, den Kopf. »Die Spätzle! Kommen sie endlich? Ich hab nämlich so langsam einen Mordshunger!«

»Nein, Nina«, wiegelte Claudia lachend ab. »Aber lange kann's nicht mehr dauern. Einen Augenblick halt noch!«

»Ich habe während dieser Affäre gewagt, auf der Seite des Kollegen zu stehen, der das Sprichwort vom ›Spätzles-Sender‹ aufgegriffen hat. Der hatte das damals liebevoll gemeint. Er hat erklärt, dass dieser Begriff zu des seligen Willi Reicherts Zeiten ein Kosewort gewesen sei. Spätzle, das ist doch die Basis des Landes. Warum sich von der abheben? Aber da hat nichts mehr geholfen! Plötzlich machte folgender Spruch die Runde: Der Kantinenkoch sei fristlos entlassen. Ein Oberboss habe auf dem täglichen Speiseplan Linsen mit Spätzle entdeckt! War dann aber bloß Spass. Vielleicht hat irgendeiner da oben deswegen eine Akte angelegt!«

»Oh Gott, ja! Richtig! Das war ja vielleicht ein Ding damals! Unglaublich!«, schüttelte Claudia den Kopf. »Aber irgendwie hatte man als unbeteiligter Zeitgenosse den merkwürdigen Verdacht, dass da mehr im Busch war, als an die Öffentlichkeit gedrungen ist! Ob da eventuell auch die Landespolitik ...«

»Man weiß es nicht!«, wurde sie von dem Journalisten impulsiv unterbrochen. »Aber auch unter den Kollegen ist so einiges gemunkelt worden! Ich für meinen Teil habe damals selbst die Konsequenzen gezogen und gesagt: Nein, danke! In einem solchen Klima wollte ich gar nimmer weiterarbeiten. Schließlich habe ich keine

Kinder, die in der Ausbildung stecken und auch kein Haus abzubezahlen, und da habe ich beschlossen, denen den Rücken zu kehren und bei der Tageszeitung im Taubertal anzuheuern. Da geht es wesentlich weniger hektisch zu, aber trotz allem irgendwie fundierter. Gut, man kriegt nur einen Bruchteil von dem Gehalt, das die einem in Stuttgart zahlen, aber was soll's! Meine Berufsehre und mein, wie soll ich's nennen, mein ... sagen wir so: Mein besserer Gemütszustand ist mir das allemal wert gewesen! Und bis heute habe ich es auch nicht bereut! Keine Sekunde lang!«

»Gut!« Horst nickte anerkennend. »Aber viele von ihrer Sorte kenne ich nicht, wenn ich ehrlich bin!«

»Gibt's wohl auch nicht! Da haben sie leider Recht! Aber egal!« Der Redakteur machte eine wegwerfende Handbewegung. »Das muss jeder für sich selbst entscheiden, was er will und wie er es will. Mir ist es auf jeden Fall das Allerwichtigste, morgens aufrechten Hauptes in den Spiegel gucken zu können! Basta!«, besiegelte er seine Aussage mit einer entschiedenen Handbewegung.

»Hört sich wirklich gut an! Könnte direkt von mir sein!« , grinste Horst, dem der Mann auf der gegenüberliegenden Tischseite immer sympathischer wurde. »Jetzt kann ich mich auch wieder dunkel an sie erinnern! Sorry, aber mein Personengedächtnis ist halt einfach nicht das beste. Und das Namensgedächtnis im Übrigen auch nicht ...«

Der andere hatte verstanden. »Gebert. Anton Gebert

heiße ich!« Er zückte eine Visitenkarte und reichte sie zu Horst hinüber.

»Richtig! Doch ja, jetzt kommt es allmählich wieder!« Horst erhob sich und bot Gebert die Rechte an. »Also dann: Grüß Gott, Herr Gebert.«

»Und sie machen also Urlaub hier mit der ganzen Familie?«, ließ Gebert seinen Blick über die am Tisch versammelten vier Meyers wandern. »Oder ermitteln sie sozusagen verdeckt – im Schutze der Familie?«

»Quatsch!« Horst durchzuckte – wieder einmal – ein Warnsignal, dass man Journalisten ja nie allzu dicht an sich herankommen lassen durfte. Zumindest die guten aus der Branche nicht, denn die hatten einen im Handumdrehen ausgefragt und so dann schließlich freudestrahlend ihre Story in der Tasche. »Wir machen Urlaub hier, sonst gar nichts! Urlaub im Taubertal.«

»Aha!« So ganz überzeugt schien der andere dennoch nicht zu sein. Er kratzte sich nachdenklich am Kopf. »Dann habe ich also doch richtig gesehen vorhin: Da ist grade ihr ehemaliger Kollege mit seinem Wagen weggefahren, hatte auch ein Ulmer Kennzeichen ... Ich hab das nur nicht schnell genug auf die Reihe bekommen. Aber jetzt, nachdem ich sie hier auf dem Platz gesehen habe ...« Er hielt kurz inne und schien zu überlegen. »Ich komme bloß nicht mehr auf den Namen – jetzt geht's mir grade so, wie ihnen vorhin bei mir ...« Gebert lächelte entwaffnend und sah Horst neugierig an.

»Das war der Herr Protnik, der Michael Protnik! Ja,

der war damals bei diesem Fall mit dabei. Tja – und jetzt treffen wir uns halt dann und wann noch privat, wenn sich die Gelegenheit dazu ergibt!« Horst lehnte sich entspannt zurück und blinzelte demonstrativ in die Sonne. Er hatte Urlaub, verdammt noch mal! Hoffentlich begriff der Kerl das allmählich, ohne dass man noch deutlicher werden musste!

»Ja dann ...« Gebert schien zu überlegen und war sich im Moment offensichtlich unschlüssig, wie er weitermachen sollte.

Horst half ihm auf die Sprünge. »Ach, schau mal, Schatz!« deutete er mit dem ausgestreckten Arm in Richtung Gaststätte, von der sich die nette Bedienung, zwei Teller in den Händen, dem Tisch der Meyers näherte. »Da kommt unser Essen!« Er lächelte dem Journalisten entschuldigend ins Gesicht.

Der hatte verstanden. Endlich! »Na, dann!« Gebert erhob sich und klopfte mit der Faust auf die Tischplatte. »Dann will ich sie mal nicht länger stören. Ich wünsche ihnen einen guten Appetit!«

»Danke schön! Auf Wiedersehen! War nett, sie mal wieder getroffen zu haben!« Manchmal schämte sich Horst ob seiner eigenen Worte ...

Doch die Ernüchterung folgte auf dem Fuß. »Vielleicht sehen wir uns ja morgen noch einmal. Ich will nämlich sowieso eine kleine Fotostory über den Zeltplatz hier machen – und wie es den Gästen so gefällt bei uns im Taubertal! Da komme ich halt einfach noch mal kurz vorbei bei ihnen! Tschüss also, bis morgen!« Er entschwand ohne sich um weitere Reaktionen der Meyers zu kümmern.

»So eine Zecke aber auch!«, knurrte Horst, der sich nicht so ganz darüber im Klaren war, ob er nun die Cleverness des Journalisten bewundern oder sich über dessen Hartnäckigkeit ärgern sollte. Doch zu einer tiefergehenden Analyse kam es nicht mehr, denn die Meyerschen Gedankengänge wurden just in diesem Augenblick von einer lauten Frauenstimme jäh unterbrochen.

»Det kommt dann hier rüber, Tom!«, winkte die blonde Bedienung einen schmächtigen Jungen mit einer gebieterischen Kopfbewegung zu sich an den Tisch der Urlauber. »So, bitte schön. Der Fisch für die Dame und die Nudeln, mit der Soße für die Kleene! Guten Appetit wünsch ick ihnen!«

Während Horst noch über die plötzlich an den Tag drängenden sympathischen Umgangsformen der Kellnerin ins Staunen geriet, umwölkte sich die Stirn seiner Tochter düster.

»Ich bin keine Kleine und das sind Spätzle, keine Nudeln!«, murrte sie aufgebracht in Richtung der forschen Berlinerin.

Doch diese missachtete den zornig hervorgestoßenen Protest schnöde und kommentarlos. Klar, denn im selben Augenblick schwirrte schon der nächste Giftpfeil heran und traf sein unvorbereitetes Opfer mit voller Wucht.

»Da, die Schrippen sind für die beeden Herren da,

Tom!«, winkte sie den Jungen heran, der sich dem Tisch mit zwei Tellern genähert hatte, auf deren Mitte dekorativ jeweils ein Leberkäsebrötchen drapiert war.

Blattschuss!

»So, dann also, guten Appetit!« Das blonde Gift lächelte diabolisch und machte sich hoch erhobenen Hauptes davon.

Horst fehlten kurzzeitig die Worte. »Ja, aber ... was soll denn das?!« Entgeistert deutete er auf die beiden LKW, die der Junge befehlsgemäß auf den Tisch der Meyers gestellt hatte.

»Wenn sie noch Senf brauchen ... ich bring ihnen gleich welchen.« Der kleine Kellner lächelte fragend zu seinem Gast hinüber – oder registrierte Horst da etwa leichten Hohn hinter der freundlichen Fassade?!

Allmählich zündete das Triebwerk! Die Rakete kam in Fahrt! Genug war einfach genug! »Ja, aber das ist doch ...!«

»Horst! Lass gut sein!« Er fühlte Claudias Arm auf seiner Schulter, der ihn sanft, aber bestimmt auf seinem Stuhl zu verharren hieß. »Eins zu null für die andere!« Claudia zuckte die Schultern und blinzelte ihrem Gatten aufmunternd zu. »Komm, sei ein Sportsmann! Das hat die doch toll hingedeichselt – und wenn du jetzt Terror machst, dann hat sie vollends die Lacher auf ihrer Seite!«

Der Kommissar schnaufte tief durch und ließ in Blitzesschnelle die verschiedenen Szenarien durch die Analyseabteilung seines Kleinhirns rauschen. Protest?

Beschwerde? Zurückgehen lassen? Chef rufen? Sich der Lächerlichkeit preisgeben? Nicht unbedingt der Sportsmann, dafür aber der Realist Horst Meyer setzte sich am Ende durch. »Na gut! Also dann trotzdem: Guten Appetit allerseits!« Er warf einen eindeutig-zweideutigen Blick zu Fabian hinüber, der mit Spannung auf die Entscheidung seines Vaters gewartet hatte. Der Junge verstand sofort und nickte grinsend zurück: Eins zu null für die Bedienung – aber morgen war ja auch noch ein Tag ...

Kapitel XII

»Was für eine große Sauerei! Jetzt guck dir bloß das mal an!« Horst hatte den Reißverschluss ihres Zwei-Mann-Zeltes geöffnet und deutete mit klammen Fingern auf das munter sprudelnde Bächlein, das sich mit fröhlichem Gurgeln um das Zelt der beiden Meyers schlängelte und die allerbesten Voraussetzungen mit sich brachte, schon in absehbarer Zeit in den Rang eines richtigen echten Flusses hochgestuft zu werden.

Aus einem grauen wolkenverhangenen Himmel regnete es Bindfäden. Der durch die Hitze der letzten Tage erwärmte Boden dampfte von dem kühlen Regen, der auf ihn herunterprasselte.

»Das ist ja furchtbar!« Horst schüttelte sich fröstelnd. »Jetzt weiß ich wieder, weshalb ich nie mehr Camping machen wollte! Da, guck!« Er deutete auf zwei große dunkle Flecken an der Decke des Zeltes. »Dicht ist das Teil auch nicht! Da tropft es die ganze Zeit schon! Hier, bitte!« Er nahm seinen Schlafsack hoch und hielt ihn Claudia vor die Augen. »Patschnass! Pfui Kuckuck!«

Auch Claudia schien die fröhliche Urlaubslaune gerade eher weniger zu verspüren. Auch sie machte ein Gesicht wie sieben Tage Regenwetter – in des Wortes wahrster Bedeutung. »Na, so eine Frechheit! Und ich habe extra noch gefragt, ob das Zelt auch wirklich wasserdicht ist! Ich habe dem Verkäufer deutlich erklärt, es käme mir auf eine Dose Imprägnierspray wirklich nicht an! Aber der hat gesagt, das sei völlig unnötig! Und jetzt so was!«

»Komisch, dass sich die Kinder noch nicht gemeldet haben!« Horst kroch aus dem Zelt und bedeckte seinen Kopf mit einer Plastiktüte. Angestrengt spähte er durch die Regenwand zum Zelt der Kinder hinüber. »Na, die haben zum Glück den besseren Platz erwischt. Da läuft das Wasser dran vorbei! Und dicht scheint das andere Zelt auch zu sein! Wenigstens was!«, konstatierte er erleichtert, während er sich das kalte Regenwasser von den Unterarmen wischte und zurück zu Claudia in ihr kleines silberfarbenes Kugelzelt kroch. »Und frieren tu ich auch – wie ein Schneider! Also, ich brauch jetzt eine warme Dusche – und dann einen heißen Kaffee, drüben im Restaurant! Koste es, was es wolle!«

Eigentlich hatten sich die Meyers ja darauf verständigt, aus Gründen der Sparsamkeit, die sie im internen Sprachgebrauch unter dem Stichwort »Zeltplatzromantik« definiert hatten, Frühstück und Mittagessen selbst am kleinen Gaskocher zuzubereiten, und dafür beim morgendlichen Kaffee ausnahmsweise auch einmal auf Instantkaffee zurückzugreifen. Immerhin konnte man auf diese Art und Weise schon ein paar Euro fünfzig zusammensparen, wenn man so auf ein mehr oder minder teures Frühstück in der Gaststätte verzichtete. »Lieber dafür beim Abendessen dann richtig zuschlagen und nicht auf den Euro gucken!« hatte die Devise der beiden Meyers gelautet. Eine Maxime, die sich an diesem nas-

106

sen, grauen Vormittag schlichtweg in den Wassermassen auflöste.

»Oh, oh, oh! Das sieht aber gar nicht gut aus!« Ein schwarzer Schatten verdunkelte vollends die Sicht auf das Regeninferno draußen. »Kann man denn helfen?« Der besorgt klingende männliche Fragesteller schien offenbar örtliches Mitglied der Deutschen Gesellschaft zur Rettung Schiffbrüchiger zu sein.

Horst kroch ein Stückchen nach vorne und hob die Leinwand des Zelteingangs in die Höhe. Ein feistes, rötlich schimmerndes Gesicht lächelte ihm von oben entgegen. Kohlmüller! Mit einem großen, schwarzen Schirm bewaffnet stand der vor dem Zelt der Meyers und heuchelte Betroffenheit. »Du hast das Meer gespalten durch deine Kraft, zerschmettert die Köpfe der Drachen im Meer. Du hast dem Leviathan die Köpfe zerschlagen und ihn zum Fraß gegeben dem wilden Getier. Du hast Quellen und Bäche hervorbrechen lassen ...«

»Herr Kohlmüller!!!«

»Horst! Nicht!« Claudia, die geistesgegenwärtig bemerkt hatte, zu welcher Tat sich ihr impulsiver Gatte da gerade würde hinreißen lassen, umklammerte Horsts Fuß mit festem Griff. »Lass es! Das bringt doch nichts!«

Der wütende, in letzter Sekunde an einem Kapitalverbrechen gehinderte Kommissar atmete einmal tief und langsam durch, um anschließend durch eine Handbewegung sein Einverständnis zu signalisieren. »OK, ok! Ich hab mich wieder eingekriegt!« Noch einmal

107

holte er Atem und kroch anschließend langsam auf allen Vieren aus dem Zelt. Igitt! Mit der linken Hand fasste er direkt in eine Schlammpfütze. Der mittlerweile stark auffrischende Wind peitschte ihm die Regenböen mitten ins Gesicht. »Pfui Teufel!«

»Die Erde mag wanken und alle, die darauf wohnen, aber ich halte ihre Säulen fest. Wir danken dir, Gott, wir danken dir und verkündigen deine Wunder, dass dein Name so nahe ist!« Mit fester Stimme und feierlichem Blick zog der Wanderprediger ein Register um das andere, während Horst insgeheim die Selbstbeherrschung bewunderte, die ihn daran hinderte, ausfällig zu werden.

»Herr Kohlmüller! Was sind denn das für Sprüche?!«

Diese Frage war ein geradezu amateurhafter Fehler! Oder vielmehr eine Steilvorlage: »Wer überwindet, den will ich machen zum Pfeiler in dem Tempel meines Gottes, und er soll nicht mehr hinausgehen und ich will auf ihn schreiben den Namen meines Gottes ...«

»Herr Kohlmüller, Herr Kohlmüller!« Horst wedelte heftig mit den Händen, während er sich aufrichtete und unter Siegfried Kohlmüllers großen schwarzen Regenschirm Schutz vor den Wassermassen suchte. Das nahm ja allmählich geradezu apokalyptische Dimensionen an: Das Unwetter, der alttestamentarische Prediger ... »Ich gebe mich geschlagen ... Aber mich brauchen sie nicht zu bekehren, ich bin schon Mitglied in der Kirche, von Geburt an ...«

Es ging munter weiter: »Du sprichst: Ich bin reich und habe gar satt und bedarf nichts! Und weißt nicht, dass du bist elend und jämmerlich, arm, blind und bloß! Ich rate dir ...«

»Herr Kohlmüller, tut mir Leid: Aber ich habe im Moment wirklich ganz andere Sorgen ...«

Wer weiß, zu welch Guinessbuch-rekordverdächtiger theologischer Grundsatzdebatte die Begegnung im Taubertäler Wolkenbruch noch geführt hätte, wenn sich nicht just in diesem Augenblick eine Stimme aus dem Nachbarzelt gemeldet hätte, eine Kinderstimme: »Papa! Papa, mir ist kalt!«

Nina war also aufgewacht und so konnte der besorgte Vater dem Disput umso eleganter eine ganz neue Wendung geben. »Herr Kohlmüller, sie hören es ... Ein andermal wieder, dann gerne ... Nina, ich komme schon!« Kohlmüller war geschlagen! Hurra!

Aber der andere verfügte über durchaus beachtliche Steherqualitäten! Blitzschnell griff er in seine Jackentasche und fingerte ein Blatt Papier hervor, das er dem schon entschwindenden Horst rasch in die Hand drückte. »Also dann, ich freue mich sehr über ihr Interesse. Am Sonntagmorgen zum Beispiel, dann werden wir hier auf dem Platz den Gottesdienst feiern, um 9 Uhr 30. Sie sind herzlich eingeladen! Ich freue mich sehr!«

Auch so einer von der Sorte, wenn man denen den kleinen Finger gab ... Aber egal! »Ja dann also, Wiedersehen!« Horst kniete sich vor den Eingang des knallroten Nachbarzeltes, in dem die beiden jüngsten Meyers

109

die Nacht verbracht hatten, und zog den Reißverschluss in die Höhe. »Na, wie geht's uns denn?«, rief er fröhlich in das Halbdunkel hinein, in dem er ganz hinten in der Ecke die frierende Tochter auf dem Schlafsack kauern sah, während Sohn Fabian anscheinend immer noch unbeeindruckt vom Weltuntergang um ihn herum den Traum des Gerechten träumte.

Kapitel XIII

»Nein, nein, nein!« Der dunkel gekleidete hoch aufge-
schossene Endvierziger schüttelte heftig den Kopf und
hieb seine Faust krachend auf die Tischplatte. »Das kann
nicht sein und das darf nicht sein! Ich kann und ich will
das nicht glauben! Nein!« Er fixierte sein Gegenüber
mit düsterem Blick. Dann erhob er sich langsam und
baute sich drohend vor dem anderen auf. »Ich sage es
dir noch einmal, Bruder Siegfried! Was du da erwähnst,
ist eine Ungeheuerlichkeit! Sie wird die Grundfesten
unseres Mysteriums erschüttern bis zum Zusammen-
bruch! Nein, das darf auf gar keinen Fall bekannt werden, sonst sind wir am Ende! Und das werde ich nicht
zulassen – niemals!« Er deutete mit dem ausgestreckten Arm auf ein vor ihnen auf dem Tisch liegendes ein-
zelnes Blatt Papier. »Und das da! Das muss vernichtet
werden! Sofort! Gibt es davon noch eine Kopie!«

Der Gefragte blickte langsam auf und verneinte mit
leisem, kaum verständlichen Flüsterton. »Das ist ein
Unikat! Das habe ich selbst geschrieben, nur für uns,
nur für diese Besprechung!«

»Also keine Kopie, kein Duplikat im Umlauf?« Lau-
ernd kniff der hagere große Mann die Augen zusammen. »Ehrenwort!«

»Was soll denn dieses Misstrauen, Bruder Franz!«,
fuhr der immer mehr in die Enge getriebene ältere Mann
ärgerlich auf. »Es geht hier um eine Analyse, die ich
angefertigt habe, und zwar ausschließlich für uns, für

dieses Zusammentreffen heute. Und das auch nur wegen der Zahlen, die du mir neulich genannt hast! Du hast mich doch klipp und klar darum gebeten, diesen Dingen auf den Grund zu gehen!« Die rötliche Gesichtsfarbe des Mannes hatte sich im Verlauf des Disputes in ein ungesundes Blaurot verwandelt, dicke Zornesadern pochten an seinen Schläfen.

»Psst! Schrei nicht so laut! Wer weiß, ob nicht auch diese Wände Ohren haben!«, zischte der vorhin Franz Genannte scharf zurück. »Man kann nie wissen, wer mittlerweile alles versucht, uns auszuspionieren!« Vorsichtig musterte er die kahlen weißen Wände des schmucklosen abgedunkelten Raumes. »Ich traue allmählich gar keinem mehr!«

»Eben drum! Und deshalb lass uns nun einmal zusammen einen Blick auf die Zahlen werfen: Das ist die traurige Realität, der wir einfach ins Auge sehen müssen, ob wir das nun wollen oder nicht!« Der Ältere hatte sich inzwischen ganz offensichtlich auf die Situation eingestellt und gewann allmählich die Oberhand zurück. »Da schau: Ich habe das penibel aufgelistet! Da steht es!« Er deutete auf das eng beschriebene Papier.

»Unglaublich! Und das soll der alles an uns vorbeigeschleust haben!« Der Hagere holte tief Luft und ließ sie danach wieder langsam aus seinem Mund strömen. »Das sind ja Unsummen!«

»Sag ich doch! Aber das geht ja auch schon seit mindestens drei Jahren so! Und gut versteckt hat er die

Zahlenschiebereien auch. Es war eine furchtbare Arbeit, bis ich ihm dann doch noch auf die Schliche gekommen bin!«

»Und du hattest wirklich gar keine Ahnung? Bis zu dem Zeitpunkt, an dem ich dich neulich darauf hingewiesen habe, dass wir eigentlich fünfundsiebzigtausend Euro mehr auf dem Konto haben müssten?« Zweifelnd musterte Franz seinen Gesprächspartner.

»Ich kann mich doch nicht um alles kümmern!«, schnappte der wütend zurück. »Ihr selber habt mir doch erst vor einem Vierteljahr gesagt, dass es alles zu viel für mich wäre. Du hast doch selber erklärt, da könne einer allein gar nicht mehr durchblicken, bei dem Volumen, das wir mittlerweile für unser Gotteshaus bewegen!«

»Nicht so laut!« Wieder blickte sich der andere forschend um. »Du hast ja Recht! Aber sei doch mal ehrlich, Siegfried! Es konnte ja auch nicht angehen, dass du den Part von Friedrich als Vermögensverwalter übernimmst – auf Dauer meine ich – und dann auch noch den Bau beaufsichtigst und darüber hinaus ja in aller erster Linie die spirituelle Leitung unserer Vereinigung innehast. Und das alles neben dem ganz normalen Beruf ...«

»Ach was!« Siegfried wischte die Argumente mit einer ärgerlichen Handbewegung beiseite. »Das geht schon alles! Der Weinhandel, der läuft ja fast völlig selbstständig! Aber nun gut!« Er deutete wieder auf das bedeutsame Blatt Papier vor ihnen. »Hier haben wir

113

den Beweis für die Manipulationen und – wie ich befürchte – auch den tieferen Grund für Friedrichs Freitod!«

»Unglaublich! Ich kann es einfach nicht fassen!« Immer noch ungläubig fasste sich der Jüngere an die Schläfe. Als wolle er die düsteren Gedanken vertreiben, die sich in seinem Gehirn festzusetzen drohten. »Und dabei hätte ich für jedes unserer Mitglieder die Hand einzeln ins Feuer gelegt! Allesamt honorige Leute!«

»Und er tat auf den Brunnen des Abgrunds und es ging auf ein Rauch aus dem Brunnen, wie der Rauch eines großen Ofens und es ward verfinstert die Sonne und die Luft von dem Rauch des Ofens. Und aus dem Rauch kamen …«

»Siegfried! Hör auf damit! Lass dein salbungsvolles Getue an den anderen aus, aber nicht an mir!«

»Salbungsvolles Getue!« Der Prediger schnaubte empört. »Ich bitte dich!« Verstohlen musterte er seinen Mitbruder aus den Augenwinkeln. »Gut, dann will ich dich also nicht länger mit der christlichen Botschaft belästigen«, seufzte er mit Demutsmiene. »Zurück zu den schnöden Zahlen …«

»Ich bitte darum!« Wieder deutete Franz auf die Zahlenkolonne ganz oben auf dem Papier. »Da! Das war die Summe, über die ich gestolpert bin! Buchungsfehler habe ich gedacht – und deshalb bei dir nachgefragt! Aber dass es in Wirklichkeit um etwas ganz anderes geht – und auch um ganz andere Summen – also

nein, das hätte ich mir im Leben nicht träumen lassen!
Du hast mich völlig kalt erwischt gerade eben!« Er hielt
inne und starrte betroffen auf die Auflistung in seinen
Händen.

»Aber ich habe dir doch schon am Telefon angedeutet ...«

»Angedeutet! Angedeutet! Da kann man viel andeu-
ten oder sich zusammenreimen! Aber wer glaubt denn,
dass der Friedrich Rümmele Millionen unterschlagen
hat!«

Siegfried Kohlmüller breitete mit einem vieldeuti-
gen Lächeln die Arme aus. »Weiß man's! Andererseits:
Schau dir doch nur einmal den prachtvollen Neubau
an, den der Bruder Friedrich da vor anderthalb Jahren
mit seinem Autohaus bezogen hat! Seien wir doch ehrlich: Wir haben uns damals alle sehr gewundert, wie gut
die Geschäfte bei ihm offenbar gelaufen sind! So ein
Luxusbau – und dazu in der besten Autohauslage von
Heilbronn! Und das mit Fiat! War schon erstaunlich,
damals!«

»Na schon«, pflichtete der andere bei. »Aber an so
etwas hat doch wirklich keiner gedacht!« Wieder rieb
er sich nachdenklich die Stirn. Dann hob er den Kopf
und nahm Kohlmüller ernst und forschend ins Visier.
»Sag einmal bitte ganz ehrlich: Kann der Friedrich
Rümmele das denn wirklich ganz alleine gemacht haben? Ist das überhaupt machbar? So viel Geld an uns –
an dir in erster Linie – vorbeizuschleusen? Ohne dass
es jemandem auffällt?«

115

Kohlmüller ballte die Fäuste und tat einen energischen Schritt auf den Fragesteller zu. »Was soll das heißen? Was willst du damit sagen?«

»Ich will damit überhaupt nichts sagen! Sondern ich will nur ausdrücken, dass es mir schleierhaft ist, wie der das so lange vor uns allen hat verstecken können!« Der Hagere wich einen vorsichtigen Schritt vor dem aufgebrachten Prediger zurück.

»Dann sag auch nichts!«, blaffte der wütend. »Ich für meinen Teil jedenfalls weiß von nichts!« Er streckte den Arm aus und klopfte drohend mit dem Zeigefinger auf die Brust seines Gesprächspartners. »Oder willst du etwa mich mit ins Spiel bringen ...«

»Um Gottes willen! Nein!« Der sichtlich in die Enge getriebene verdutzte Mann zog sich erschrocken in die Ecke zurück und hob wie entwaffnet die Hände in die Höhe.

»Das will ich dir aber auch geraten haben!« Kohlmüller atmete heftig durch. Anschließend zog er sein Jacket zurecht, um langsam und allmählich die Fassung zurückzugewinnen. »Das wäre ja auch noch mal schöner!«

»Wir müssen reden, einfach miteinander reden!«, keuchte der andere, während er verzweifelt die Hände rang.

Kohlmüller hatte gewonnen! Er registrierte seinen psychologischen Sieg mit einem befriedigten Lächeln, bevor er dem geknickten Kontrahenten mitfühlend auf die Schulter klopfte: »Franz! He, Franz!« Er nahm ihn in den Arm. »Komm! Das wird schon wieder! Das kriegen wir alles ganz schnell wieder gebacken! Jetzt müssen wir nur noch rausfinden, mit wem der Bruder Friedrich da dieses Ding gedreht hat ...«

Franz hob ruckartig den Kopf und starrte Kohlmüller fassungslos in die Augen: »Du meinst ... Du willst damit sagen ... Das heißt, du gehst davon aus, dass er einen Komplizen gehabt hat?!«

»Ja was denn sonst?!« Kohlmüller nickte ernst und heftig. »So ein Riesending – das kann doch keiner alleine drehen!«

Die Reaktion von Kohlmüllers Gegenüber ließ lange auf sich warten. Dann, nach endlos verstreichenden Sekunden, schien Franz zu einem Entschluss gekommen zu sein. »Du hast Recht! Da war noch mehr! Und das war nicht nur einer! Jetzt sind wir aber an der Reihe! Wir müssen handeln, und zwar genauso rasch wie endgültig!«

Eine halbe Stunde später bogen zwei schwere dunkle Limousinen aus dem Hinterhof im Heilbronner Industriegebiet aus. Der BMW-Fahrer wählte den Weg in Richtung Innenstadt, während der Lenker des schwarzen E-Klasse-Mercedes mit hohem Tempo den Zubringer zur Autobahn hinunterbretterte ...

117

Kapitel XIV

»Na, das ist aber nett, dass ich sie hier noch antreffe!« Kohlmüller keuchte atemlos, als er des kleinen Häufleins Aufrechter, das sich vor seinem Wohnwagen auf dem Creglinger Campingplatz versammelt hatte, gewahr wurde.

»Ich hab ja gar nicht gewusst, dass es so ein Rot als Gesichtsfarbe eines lebenden Zeitgenossen überhaupt geben kann«, wisperte Claudia, die Ärztin, interessiert, als sie den schwergewichtigen Prediger mit fliegenden Rockschößen herannahen sah.

Es hatte inzwischen aufgehört zu regnen, die Temperaturen allerdings waren ziemlich in den Keller gefahren. Vielleicht mochte auch diese Tatsache, verbunden mit dem immer noch nassen, aufgeweichten Boden des Campingplatzes mitverantwortlich dafür sein, dass doch nur eine kleine verschworene Gemeinschaft dem Gottesdienst des Weinhändlers und selbsternannten Predigers an diesem späten Vormittag beizuwohnen gedachte.

»Du altes Lästermaul!«, knuffte Horst seine bessere Hälfte mit dem Ellbogen zärtlich in die Seite. »Der hat sich halt verspätet – weshalb auch immer! Und jetzt ist ihm der Zorn des Allmächtigen gewiss!« Der Kommissar schmunzelte angesichts der hektischen Aktivitäten, die der Weinhändler vor den wenigen Gästen, die sich zum Morgengottesdienst vor seinem Wohnwagen versammelt hatten, mittlerweile entwickelte.

»Also ehrlich! Der hat doch was weg von Schillers Räubern, oder?«, raunte Claudia, die sich noch längst nicht geschlagen geben konnte, zurück.

»Halleluja! Das Heil und die Herrlichkeit und die Kraft sind unseres Gottes! Denn wehrhaft und gerecht sind seine Gerichte, dass er die große Hure verurteilt hat, welche die Erde mit ihrer Unzucht verderbte und hat das Blut seiner Knechte von ihrer Hand gefordert!« Der in der Zwischenzeit ganz in einen tiefschwarzen Umhang gehüllte Kohlmüller hatte soeben mit seiner lautstark vorgetragenen Predigt begonnen.

»O jemine! Das ist ja mehr, als ein normaler Erdenbürger ertragen kann«, stöhnte Claudia und richtete die Augen in stummer Resignation himmelwärts.

»Da sprechen sie mir aber ganz und gar aus der Seele!«, pflichtete ihr in dieser Sekunde eine irgendwie bekannte Stimme direkt an ihrem Ohr nachdrücklich bei. »Dieser Laienprediger! Er versucht es eben immer wieder: Wenn sie den zur einen Tür hinauswerfen, kommt er postwendend zur anderen wieder hereingeschneit!«

Überrascht wandten sich die Meyers um. Wer war das denn – und vor allem: Was wollte der?! Ach so: Es handelte sich um den Journalisten Gebert. Gebert stand vor ihnen, ein verlegenes Lächeln spielte um seine Mundwinkel, während er wie zur Entschuldigung die Arme ausbreitete. »Tja, hier bin ich – wie angekündigt!« Er merkte, dass die beiden Meyers im Augenblick offenbar nicht verstanden. »Na, ich habe doch

119

gestern versprochen, dass ich wiederkomme. Wissen sie nicht mehr?«

Während der Redakteur der Lokalzeitung eine überraschte Miene zur Schau stellte, überlegte Horst in der Tat, was der Journalist denn wirklich noch von ihnen hatte wissen wollen. »Ach so! Ja! Natürlich! Sie haben eine Reportage auf dem Campingplatz machen wollen, nicht wahr? Wie es uns denn so gefällt – und überhaupt: Weshalb wir ausgerechnet hierher gekommen sind, nach Creglingen!«

Gebert streckte den Zeigefinger in die Höhe und signalisierte damit respektvolle Zustimmung. »Der Kandidat hat einhundert Punkte! Ganz genau! Volltreffer sozusagen!«, grinste er freudestrahlend. »Sie könnten bei einer Quizshow mitmachen! Respekt!«

»Ruhe!« zischte einer der Umstehenden in diesem Moment böse. »Sie sind in einem Gottesdienst ...«

»... weh, weh, du große Stadt, die bekleidet war mit köstlicher Leinwand und Purpur und Scharlach ...« tönte die laute Stimme des Predigers über den Campingplatz.

»A propos Scharlach!«, raunte Gebert den beiden Meyers zu. »Also das kann ich jetzt aber wirklich auf gar keinen Fall gebrauchen! Sie etwa?« Er strahlte die Urlauber mit einem entwaffnenden Lächeln an. »Na, sehen sie! Dann schlage ich vor, wir verdrücken uns am besten!« Er nickte mit dem Kopf in Richtung Restaurant, in dessen Sanitärbereich sich Horst und Claudia erst vor einer knappen Stunde schlotternd und müde den Regen und die Kälte aus den Haaren gefönt hatten.

»Ruhe habe ich gesagt! Verdammt noch mal!« Die ärgerlich Stimme von gerade eben hatte noch einen schärferen Tonfall angenommen. »Oder gehen sie endlich zum Teufel!«, setzte ein weiterer angesäuerter Gottesdienstbesucher sogar noch eins obendrauf.

»Na, na! Wer wird denn gleich!« Gebert verzog das Gesicht zu einer spöttischen Grimasse, während sich die drei langsam in Richtung Restaurant zurückzogen. »So arg christlich ist das aber nun auch wieder nicht ...«, sandte er abschließend einen zielgenauen Giftpfeil in die Richtung der in ihrer Andacht gestörten Gläubigen hinüber.

»Leck mich doch ...« Mehr war nicht mehr zu verstehen. Die Distanz zwischen Sender und Empfänger war während des geordneten Rückzugs der drei Frevler zu groß geworden – und das war gut so ...

Kapitel XV

»Das war aber sozusagen Rettung in letzter Sekunde!«
Claudia schüttelte ihre immer noch regenfeuchten Haare, kaum dass sie den Eingangsbereich des Restaurants
betreten hatten.

»Guck mal da!« Erstaunt streckte Horst den Arm
aus und deutete auf einen Tisch in der Ecke. »Was macht
ihr denn da?«

Keine zehn Meter von den Neuankömmlingen entfernt hatten sich Michael Protnik und Uschi Abele um
die beiden Meyer-Kinder gruppiert, die müde und gelangweilt an den Strohhalmen nuckelten, die in den
Kabatassen steckten. Der Sputnik offenbarte dabei allein durch seine beeindruckende Physiognomie all jene
Anzeichen von Frustration, die man sich als normaler
Sterblicher lediglich im Entferntesten denken konnte.
»Komm – geh fort!«, murmelte er – so gesehen ganz
folgerichtig – enerviert, als er die Meyers entdeckte, die
sich nunmehr staunend vor ihm aufgebaut hatten.

»Jetzt bist du aber im falschen Film!«, konnte sich
Horst, das Lästermaul, die obligatorische Replik nicht
verkneifen. »Das ist Familie Heinz Becker, und der ist
Saarländer! O.k, o.k! Ich sag ja schon gar nix mehr!«,
hob er anschließend kapitulierend die Arme in die
Höhe, als er den strengen Blick seiner ihm schon vor
Jahren Angetrauten gewahr wurde, den er wegen dieser
langjährigen Gemeinschaft auch einwandfrei zu identifizieren vermochte.

»Witzig, witzig!« Der Sputnik empfand die ganze Situation aber anscheinend alles andere als dieses.

»He, Michael …« Bevor der Freund und Kollege jedoch eine neue Salve auf das wehrlos am Tisch vor sich hindümpelnde ehemalige Schlachtross abfeuern konnte, sah sich Horst harsch und energisch am Ärmel gepackt.

»Hör bitte auf! Und zwar sofort!« Überrascht wandte der Kommissar sich um und registrierte den warnenden Blick, der aus Claudias Augen blitzte. Die Entschlossenheit aus diesen Tiefen der zornigen Seele traf den Lästerer dermaßen unvorbereitet, dass er auf der Stelle verstummte. »Ist ja schon gut, ich bin ja schon ganz friedlich!«, lenkte er ein und zog es fürderhin vor, den weiteren Verlauf der Debatte zunächst einmal schweigend zu verfolgen.

»Da schau«, nickte Claudia in Richtung der zornumwölkten Miene des Bebele hinüber. »Also Krach und Freundschaftsstress kann ich nun beim besten Willen nicht auch noch gebrauchen!« Tastend fuhr sie sich mit der Hand durch die Haare, die bei dem morgendlichen Regen patschnass geworden waren und in der für einen Sommermonat ungewohnten Kühle nur zögerlich wieder getrocknet waren. Sie schnaufte – verbunden mit einem weiteren warnenden Stirnrunzeln – tief durch und legte den Arm um die Schulter des Bebele, während sie sich auf der Bank neben Uschi niederließ.

»Na, Uschi, jetzt sag schon! Was ist euch denn passiert? Sehr fröhlich seht ihr ja nicht gerade aus?«

»Fröhlich!« Wie auf ein Stichwort hob die Ange-sprochene den Kopf und giftete säuerlich in Protniks Richtung hinüber. »Von wegen fröhlich! Waidmanns-heil!«

»Waidmannsdank!« erfolgte die Antwort wie aus der Pistole geschossen. Überrascht wandte das Bebele den Kopf und musterte den Antwortgeber indigniert. Gebert neigte verlegen lächelnd den Kopf. »Entschuldigung! Aber das rutscht mir halt immer so heraus! Eine Art unbedingte Reaktion, wenn sie wissen, was ich meine!«

Uschi wusste nicht – es schien ihr aber auch ziem-lich egal zu sein. Sie legte das Gesicht in ärgerliche Falten und widmete sich wieder ihrem derzeitigen Lebensabschnittsgefährten und der damit verbunde-nen spürbar empörten Ablehnung, die sich durchaus anschickte, beziehungsbedrohende Formen anzu-nehmen.

»Das ist doch ihr Kollege Protnik, nicht wahr!«, raun-te Gebert in Horsts Ohr. »Samt Freundin, wie ich ver-mute?«

Horst nickte vorsichtig und wartete gespannt auf eine Erklärung für die Eiszeit, die sich zwischen dem Sput-nik und seinem Bebele ausgebreitet hatte.

»Ja, sag einmal.« Claudia tastete sich vorsichtig an des Pudels Kern heran. »Ihr wolltet doch gestern Abend auf die Jagd gehen. Hat es denn da irgendwelche Pro-bleme gegeben?«

»Probleme!« Das Bebele schniefte verstimmt. »Als wenn es mit dem Herrn Protnik jemals Probleme geben könnte!« Ein weiterer giftiger Blick traf den bis gestern Abend noch durchaus wohlgelittenen Lebenspartner mitten ins Herz. »Mit dem Herrn Protnik kann es keine Probleme geben, nein: Das sind immer schon richtige Katastrophen, in die der einen hineinführt!« Wütend hieb Uschi mit der Faust dermaßen auf die Tischplatte, dass die Kabatassen vor den Meyer-Kindern bedenklich zu wackeln begannen. Überrascht sahen Nina und Fabian, die den bisherigen Verlauf der Diskussion nicht gerade spannungsgeladen verfolgt hatten, auf.

»Uschi!« Claudia drückte das Bebele enger an sich.

»Ist doch wahr!«, ließ die sich jedoch nicht in ihrer Erregung bremsen. »Blockhaus mit garantiertem Rehabschuss! Dass ich nicht lache! Und ich mache den Mist auch noch mit! Unglaublich!« Wieder solch ein unheilschwangerer Augenaufschlag! Unglaublich! Manche Leute müssten eigentlich schon für ihre Mimik lebenslänglich bekommen, durchzuckte Horst angesichts des Mienenspiels seiner ehemaligen Sekretärin ein Gedanke, der es sicherlich wert wäre, von Kriminologen einmal wissenschaftlich weiterverfolgt zu werden. Aber der verbale Showdown ging munter weiter.

»Der hat ja offenbar nicht die Spur einer Ahnung von der Jagd und vom Schießen!« Uschi tippte sich vielsagend an die Stirn.

»Jetzt übertreibst du aber!« Der bisher stumm und elend in sein Schicksal ergebene Protnik war aufgefahren wie eine Rakete. Diese Behauptung hatte anscheinend den Nerv des Kollegen getroffen. »Komm, Horst! Sag du doch mal, wie gut ich im Schießen immer abgeschnitten habe!«

»Kann ich nur bestätigen«, nickte dieser nachdrücklich. »Kein Vergleich mit meinen Schießkünsten ...« Er zog es vor, den Rest des Satzes, der ihm schon auf der Zunge gelegen hatte, hinunterzuschlucken, nachdem Claudia kurz und warnend Blickkontakt mit ihrem Ehemann aufgenommen hatte.

»Polizeischießen! Dass ich nicht lache!« Das Bebele ließ sich in seiner Tirade gegen den verhinderten Jäger nicht beirren. »Das sind irgendwelche komischen Dienstpistolen, mit denen der Held da solche Pappkameraden umnietet! Bei einer Jagd aber sind es Gewehre – richtige echte Gewehre! Und es sind auch keine Papprehe, sondern echte Tiere, ganz echte!«

»Ja und?« Horst konnte einfach nicht anders. »Was ist denn nun das Problem? Hat er nicht getroffen oder was?«

»Getroffen! Der und treffen!« Wieder blitzte ein dunkler Strahl zu Protnik hinüber. »Da könntest du in der Wildnis aber glatt verhungern, wenn sich so einer um das tägliche Essen kümmern würde ...«

»Also jetzt aber mal halblang!« Auch dem Allergeduldigsten reißt irgendwann einmal der Geduldsfaden. »Jetzt solltest du schon die ganze Geschichte erzählen, wenn du unbedingt damit anfangen musst!«

»Ach was!« Uschi winkte unwirsch ab und spähte angestrengt in Richtung Tresen. »Wenn da jetzt endlich mal eine Bedienung auftauchen würde! Ich könnte nämlich einen Schnaps vertragen!«

»Ich kümmere mich darum.« Der Journalist, der sich für den merkwürdigen Beziehungskrach allenfalls am Rande erwärmen konnte, ergriff die Gelegenheit beim Schopf, sich mit einem offiziellen Bestellauftrag versehen der üppigen Bedienung zuwenden zu können. Mal schauen, was sich daraus entwickeln würde.

»Hm, o.k. Ich sag's jetzt!« Der Sputnik hatte sich todesmutig zu einem Entschluss durchgerungen und richtete den Oberkörper kerzengerade auf. »Es war nämlich in Wirklichkeit so: Unser Vermieter hat uns tatsächlich an eine ideale Stelle geführt. Der Wind war günstig und auf dem Hochsitz waren wir gut versteckt. Da ist dann auch relativ rasch ein Rudel Rehe aufgetaucht und ich habe gerade auf eines angelegt ...« Protnik deutete an, wie er das Gewehr zum Abschuss bereit gemacht hatte. »Da wacht meine Uschi, die anscheinend gleich nachdem wir auf den Hochsitz geklettert waren, nicht etwa nach Rehen Ausschau gehalten hat!« Jetzt bedachte Michael Protnik seine bessere Hälfte tatsächlich mit einem bitterbösen Blick – Horst hielt vor Erstaunen den Atem an! Das waren ja ganz ungewohnte neue Töne aus dem Mund des Freundes und Kollegen! Unglaublich! Unbeeindruckt von der Wirkung seiner Worte machte Protnik – nun einmal in Fahrt geraten – munter weiter. »Tja, da also wacht meine Uschi plötzlich auf, als ich die Waffe anlege. Sie erschrickt, ihr Arm fährt hoch, trifft wiederum mich an meinem

Unterarm. Das Gewehr fährt in die Höhe, ein Schuss löst sich, die Kugel verschwindet in Richtung Mars oder Venus und mich haut es durch den Rückstoß und die Überraschung nach hinten. Und da hinten: Da ist gerade die Uschi aus ihrem Schlummer hochgefahren. Will sagen«, er verzog in Erinnerung an das Geschehene schmerzlich das Gesicht, »mich wirft es also nach hinten, auf die Uschi drauf. Von der Wucht des Aufpralls nun wirft es auch die Uschi nach hinten ...« Er hielt inne und holte tief Luft, bevor er zu der finalen Schilderung des nächtlichen Jagdunfalles schritt: »Tja, und die Umrandung des Hochsitzes mit solchen dünnen Tannenrundhölzern, die war wohl nicht mehr die beste – oder zumindest nicht die stabilste. Also kracht die Uschi gegen die Holzstangen, die geben nach und Uschi bricht durch die Umrandung hindurch, ich hinterher ...«

»Wie?« staunte Horst, der sich nun nicht mehr länger zügeln konnte. »Du willst doch nicht etwa sagen, dass ihr beide heute Nacht vom Hochsitz gefallen seid und dennoch so gesund und munter – relativ gesehen wenigstens – da vor uns sitzt!« Er schüttelte entschieden den Kopf. »Nein, Sputnik! Aber das nehme ich dir nicht ab! Ohne Knochenbruch kommst du da normalerweise nicht runter – auf gar keinen Fall!«

»Mir tut ja auch alles weh! Am ganzen Körper bin ich grün und blau!«, maulte das Bebele jammervoll. »Überall blaue Flecken ...«

»Trotzdem!« Horst konnte die Geschichte noch immer nicht für bare Münze nehmen. »Das macht ihr mir nicht weis. Wie hoch ist so ein Jägerstand?« Abschätzend hob er den Daumen in die Höhe. »Drei Meter doch mindestens, oder?«

»Mindestens«, pflichtete Protnik ihm bei. »Aber wir haben insofern Glück gehabt, dass der Hochsitz an einen Tannenbaum angebaut war ...«

»Glück gehabt!« Das Bebele schnaubte empört. »Zerkratzt bin ich auch noch – von oben bis unten!«

»Besser zerkratzt als mit gebrochenen Knochen im Krankenhaus!« Protnik hatte sich regelrecht in Rage geredet und hatte alle Diplomatie, die er sich ansonsten im Umgang mit seinem Bebele angedeihen ließ, über Bord geworfen. »Also, so war das! Wir sind zwar nach hinten weg aus dem Jägerstand gefallen, aber Gott sei Dank direkt in den dichten Tannenzweigen gelandet. Die haben uns aufgefangen und da haben wir uns festhalten und dann langsam zu unserem Jagdbegleiter herunterlassen können!«

»Ich fasse es nicht! Tarzan und Jane im Taubertal!« Horst klatschte sich begeistert auf die Schenkel. »Sachen gibt's, die gibt's gar nicht! Wenn das der Mann von der Zeitung da mitbekommt ...« Er deutete zu Gebert hinüber, der ganz offensichtlich seine Schnapsbestellung zurückgestellt hatte und sich voller Interesse den neuesten Farbkreationen auf den Fingernägeln der blonden Bedienung widmete, die ihrerseits genauso wenig Anstalten machte, sich um die eventuell vorhandenen Wünsche ihrer Gäste zu kümmern.

129

»Wehe dir!« drohte Protnik und fuchtelte mit dem ausgestreckten Zeigefinger vor Horsts Gesicht herum. »Ich habe auch so schon genug zu leiden – körperlich und seelisch!« Damit nickte er in Uschis Richtung hinüber, die sich den Umstehenden mit schmerzverzerrter Miene präsentierte und sie so an ihrem Leid teilhaftig werden ließ.

Horst konnte nicht anders. Auch diese Frage musste noch gestellt werden: »Und die Rehe? Was ist mit den Rehen?«

»Was für Rehe!« Protnik winkte säuerlich ab, bevor ihm allmählich ein Licht aufging. »Jetzt wird bloß nicht läppisch, ich bitte dich! Ich kann das Wort Reh mein Lebtag lang nicht mehr hören!«

»Also, dass eines klar ist: In dieser Blockhütte übernachte ich kein zweites Mal!«, meldete sich das Bebele wieder zu Wort und verschränkte entschlossen die Arme. »Auf keinen Fall!«

»Aber was hat die Blockhütte denn mit diesem Unfall zu tun?« Protnik schüttelte verständnislos den Kopf.

»Das eine hängt vom anderen ab. Wärst du nicht auf diese blödsinnige Jagdidee abgefahren, dann hätten wir dort gar nicht übernachtet und dann hätte ich mir auch nicht auf dem Jägerstand die Nacht um die Ohren schlagen müssen. Und passiert wäre dann auch nichts. So einfach ist das!« Die Logik des Bebele war in der Tat von verblüffender Schlichtheit. Und ihr Entschluss stand felsenfest: »Ich suche mir was anderes!«

»Ach, da wüsste ich vielleicht etwas Feines!« Der Zeitungsredakteur kam lächelnd an den Tisch zurückgeschlendert. Offenkundig waren seine Kontaktaufnahmegespräche mit dem blonden Wunder zufrieden stellend verlaufen, eventuell war sogar ein baldiges Treffen an einem lauschigen Plätzchen vereinbart worden. Die zufriedene Miene, die Gebert zur Schau stellte, ließ zumindest die Vermutung in dieser Richtung sprießen. »Da gibt es in einem Ortsteil von Creglingen etwas ganz Uriges, ein ganz rustikales Landhotel. Das ist grade überall der Hit. Ich weiß das deshalb so genau, weil ich heute Morgen in aller Herrgottsfrühe schon da war und die Gäste nach ihrem Eindruck befragt habe. Sie wissen ja«, wandte er sich an Horst Meyer, »ich schreibe ja gerade an einem Artikel über Urlaub im Taubertal. Also, die Leute heute Morgen waren alle restlos begeistert. Urlaub wie anno dazumal und das dann doch mit dem Komfort der heutigen Zeit gekoppelt. Und das alles um 15 Euro mit Abendessen und Frühstück – sensationell sage ich ihnen. Der Besitzer hat noch ein Zimmer für zwei Personen frei, das hat er mir vorhin erst gesagt. Also, wenn sie schnell sind ...«

»Mensch, Horst!« In Claudia schien plötzlich eine Idee zu reifen. Nach einem raschen Seitenblick, mit dem sie erst Uschi und Protnik, dann die beiden Kinder bedachte, ging sie in die Offensive. »Also gut«, begann sie vorsichtig. »Wenn ihr also nicht mehr in die Blockhütte zurückwollt, da wüsste ich was ...«

Überrascht sahen Protnik und das Bebele hoch. »Was meinst du damit?«, erkundigte sich der verhinderte Jäger genauso vorsichtig. Man konnte ja nie wissen.

»Na ja! Zahlen müsst ihr die Woche ja auf jeden Fall!« Aha! Claudia packte die beiden an ihrer schwächsten Stelle. »Denn die Vermieter können ja schließlich nichts dafür, dass ihr beide in diesem Fall ausnahmsweise mal keinen Bock geschossen habt!« Sie schmunzelte amüsiert. Die Formulierung lag aber auch dermaßen auf der Hand: Man konnte einfach nicht anders. Die beiden hingegen, obschon im Moment alles andere als einander zugetan, waren sich in dieser Hinsicht einig und glotzten genervt auf den Fliesenboden der Gastwirtschaft.

»Wir könnten es doch so machen: Die Lust am Zelten ist uns heute Nacht irgendwie vergangen.« Sie sandte einen weiteren Zustimmung heischenden Blick zu ihrem Mann hinüber. Der nickte kurz: Er hatte verstanden, worauf Claudia hinauswollte. »Außerdem sind unsere Sachen klatschnass geworden – und die trocknen bei dem Wetter, das heute und morgen vorherrschen soll, auch gar nimmer. Also«, sie klatschte unternehmungslustig in die Hände. »Langer Rede kurzer Sinn: Wir ziehen in euer Blockhaus – und übernehmen natürlich die anteiligen Kosten – und ihr, tja ... Ihr könntet dann ja wirklich in dieses rustikale tolle Landhotel überwechseln. Was meint ihr dazu?« Gespannt, wenn nicht gar bereits in gewisser Weise siegessicher, musterte Claudia die beiden Urlauber.

132

Doch das Bebele war halt immer für eine Überraschung gut. »Auf gar keinen Fall!«, brauste sie auf, kaum dass die Frage gestellt worden war. »Nie und nimmer!«, unterstrich sie ihre Aussage mit heftigem Kopfschütteln.

Claudia verstand die Welt nicht mehr! »Aber du hast doch gerade eben noch gesagt, dass du um nichts in der Welt noch eine Nacht in der Blockhütte zubringen wirst! Das ist keine zwei Minuten her!«

Das Bebele reckte entschlossen das Kinn in die Höhe. »Na und? Das will ich ja auch nicht!«

»Ja, was denn jetzt? Willst du oder willst du nicht?«

»Ja und nein!« Das Orakel lächelte hinterhältig.

»Tut mir Leid! Das ist zu hoch für mich!« Claudia breitete hilflos die Arme aus. »Aber du wirst uns doch sicherlich gleich aufklären, hoffe ich zumindest.«

»Ganz einfach!« Uschi rieb sich mit übertriebener Theatralik den offenbar fürchterlich schmerzenden Oberarm. »Ich ziehe aus – in dieses komische Landhotel! Einverstanden!«, nickte sie dem Journalisten zu. »Sie können für mich buchen: Ich zahle – ausnahmsweise – sogar den Preis für das Doppelzimmer, obwohl ich allein übernachten werde. Der Herr hier, der kann in seinem geliebten Blockhaus bleiben und von Rehen oder Schäfchen träumen, so lange und so viel er mag. Aber ohne mich!«

Uschis Entschluss stand fest! Felsenfest! Und wer das Bebele auch nur annähernd kannte, der wusste, dass

133

jeder weitere Versuch der Einflussnahme gnadenlos an deren stählernem Willen zerplatzen musste.

Protnik, der dieses Phänomen mehr als nur einmal in seiner Beziehung hatte durchleben und durchleiden müssen, stand demzufolge da, wie der Geißbock bei Gewitter. Also, Uschi allein im Landhotel und er, Protnik, genauso einsam und verlassen im 8-Betten fassenden Jägerhaus.

Auch Claudia war mit der Entwicklung nicht restlos zufrieden. »Schade«, zuckte sie bedauernd die Achseln. »Dann müssen wir uns halt was anderes suchen ...«

»Aber weshalb denn!« Protnik hatte sich erstaunlich schnell wieder gefangen. »Wenn die Uschi also meint, es so machen zu müssen: Na gut!« Ein genervter Blick flog vom einen zur anderen und genauso bitter wieder zurück zu seinem Ausgangspunkt. »Aber ihr könntet doch trotzdem da einziehen. ihr seid zu viert, ich bin allein. Macht fünf Personen, und acht passen rein. Das müsste doch eigentlich gehen. Was meinst du, Horst?«

Wohlweislich wandte sich Protnik seinem Freund Horst zu, als er das leichte Stirnrunzeln bemerkte, das sich noch während der Formulierung seiner Frage in Claudias Gesicht abgezeichnete.

»Na ja«, Horst wiegte nachdenklich den Kopf. »Weshalb eigentlich nicht ... Das Haus hat ja sogar, glaube ich, drei verschiedene Zimmer, nicht wahr? Das müsste doch eigentlich gehen, Schatz. Was meinst du?«

»Na gut, meinetwegen!« Wesentlich weniger euphorisch als noch vor wenigen Minuten ergab sich Claudia in ihr Schicksal. Aber immer noch besser im geräumigen Blockhaus mit Protnik als im feuchten Zelt auf dem Campingplatz zu übernachten. Und wenigstens blieben sie am Abend von Uschis manchmal doch etwas anstrengender Gesprächskultur verschont. »Also, einverstanden: Machen wir es so!«

Kapitel XVI

»So, wie war denn det nu mit die Schnäpse?!« Die blonde Versuchung hatte sich unbemerkt von der Versammlung dem Tisch genähert und starrte kritischen Auges auf die Schwabenmenge herunter. »Wolln' se alle eenen? Und wenn ja: Welchen darf icke denn bringen?« Irgendwie offenbarte der mittlere Knopf der Bluse just in diesem Augenblick deutliche Anzeichen der Materialermüdung. Ganz offensichtlich keine Qualitätsware made in Germany, der olle Knopf! Denn kaum dass die erstaunlich freundliche Frage dem Mund der Kellnerin entschlüpft war, da wickelte sich des Dramas erster Teil auch schon vor den staunenden Anwesenden ab. Der Knopf gab dem immensen Druck, dem er so lange und heldenhaft widerstanden hatte, nach und kullerte unter die Eckbank, während die Bedienung einen spitzen Schrei vernehmen ließ und infolge der Kalamität mehr oder minder beeindruckend urplötzlich im Freien stand. War es die weibliche Lust am Reiz des nackten Fleisches oder das erste Anzeichen eines schwäbischen Sparsamkeitsvirus, das die üppige Berlinerin nach langen Monaten im Südwesten mittlerweile befallen hatte? Eine Frage, die sich letztendlich nie hat klären lassen. Tatsache war nur die: Die nackten Fakten in Ermangelung einer (textilen) Brustunterstützung (was im Fall der Cupgröße D durchaus von allen Beteiligten hätte nachvollzogen werden können) schoben sich heraus und standen sozusagen frei im Raum.

Es war Uschi, von der die stimmliche Vorlage der Bedienung geradezu begierig aufgegriffen wurde: Auch sie stieß nunmehr laute spitze Schreie aus, was gleichwohl als durchaus verwunderlich betrachtet werden konnte, zog man die Tatsache in Rechnung, dass sie gleichzeitig verbunden mit allen Anzeichen des Entsetzens die Hand vor den Mund geschlagen hatte.

Während die kreischende Bedienung fluchtartig den ungeordneten Rückzug einschlug, war es der Redakteur, der als Erster die vom Strudel der Ereignisse jäh unterbrochene Konversation wieder aufnahm. »Tja, Schönheit muss leiden! Da haben wir es wieder mal!«, grinste er frech in die Runde und sandte der mittlerweile mit qualmenden Sohlen um die Ecke pfeifenden Bedienung einen sehnsuchtsvoll-belustigten Blick hinterher. »Ich fürchte, die werden wir so schnell nicht mehr wieder sehen! Typisch Berliner Gören: Erst das Herz kackfrech auf der Zunge und nachher in wilder Panik davongaloppieren, wenn einem zufällig das Herz aus der Bluse hüpft! Na ja, dann werde ich mich eben jetzt persönlich einmal um unsere Erfrischungsgetränke kümmern müssen!« Er stolzierte gemessenen Schrittes in Richtung Theke, von deren oberstem Regal er mit Kennerblick eine gedrungene viereckige Flasche herunterpflückte und diese zusammen mit einer stattlichen Anzahl an Gläsern auf einem Tablett platzierte.

»Der hat vielleicht Nerven!«, stammelte der staunende Protnik und verfolgte mit bewunderndem Kopfnicken den weiteren Gang der Dinge.

»So – bitte schön!« Der Redakteur stellte das Tablett vor den anderen auf den Tisch. »Keine Sorge«, kommentierte er die kritischen Mienen. »Ich darf das! Ich habe hier einen Notizblock mitgebracht, auf dem verzeichnen wir einfach die Anzahl unserer Kostproben, und alles ist paletti! Und das ist es wirklich!« Mit freudestrahlendem Kennerblick nahm er das Etikett der eigenwillig geformten Flasche in Augenschein. »Ziegler Wildkirsch Nr. 1, nicht von schlechten Eltern, das kann ich ihnen sagen! Und nicht grade beim Aldi um die Ecke so ohne weiteres zu haben, das kann ich ihnen flüstern, nicht wahr!« Genießerisch schnalzte er mit der Zunge und schenkte sich großzügig ein. »Also dann, wer will noch mal, wer hat noch nicht? Keine Sorge«, setzte er hinzu, als er das leichte Zögern in der Versammlung bemerkte. »Diese Runde geht auf mich: Ehrensache!«

Nicht nötig zu erwähnen, dass nunmehr alle – mit Ausnahme der Meyer–Kinder natürlich – sich bereitwilligst und mit Herzenslust zuprosteten.

»Und wenn wir schon so gemütlich zusammen sitzen, dann will ich sie noch auf etwas ganz Besonderes hier bei uns im Taubertal hinweisen ...« Gebert machte eine kurze bedeutungsvolle Pause, um die Spannung der Anwesenden zu steigern, bevor er mit seinem Tipp fortfuhr.

»Da gibt es bei uns, ein paar Kilometer Tauberaufwärts in Tauberzell eine ganz tolle Wirtschaft! Da müssen sie unbedingt einmal hingehen. Wer dort nicht gewesen ist, der war nicht im Taubertal!«

»Man könnte ja gerade meinen, sie bekommen Prozente von den Hoteliers und Gastronomen hier!« Horst hatte noch nie solch einen Journalisten getroffen, der die Landschaft, aus der er berichtete, in derart positiven Farben beschrieb – wo Journalisten doch gemeinhin immer nur auf Suche nach dem Schlechten, dem Negativen waren: Hinter der hässlichen Rückseite der strahlenden Goldmedaille.

»Oder sie machen demnächst ein Event-Tourismus-Unternehmen auf. Und wir sind nun fürs Erste halt mal die Versuchskaninchen!«, war Protnik so ziemlich derselbe Gedanke also auch schon durch den Kopf gegangen.

»Nein, nein, von wegen!«, wehrte der Redakteur lächelnd ab. »Aber wissen sie, es ist doch so: Die Gegend, in der man sich häuslich einrichtet, die sollte einem doch eigentlich gefallen und auch irgendwie am Herzen liegen. Denn dann, wenn das so ist, können sie auch ganz anders, mit viel mehr Überzeugungskraft und Glaubwürdigkeit halt, darüber berichten. Ich habe lange genug in Großstädten gelebt und gelitten, um zu wissen, was ich für ein unbezahlbares Kapital hier auf dem so genannten flachen Land habe. Und weil unsere Gegend ja geradezu dramatische Strukturschwächen aufweist – was landschaftlich wiederum einen Vorteil darstellt –, muss man schließlich etwas für den Tourismus hier tun. Das ist ja, fast die einzige Chance für das Taubertal, dieser Tourismus. Denn von Landschaft allein können sie nicht existieren. Die Touristen mit dem ganzen

Geld, das sie dann hier liegenlassen, die brauchen wir dringend. Aber die können wir nur bekommen, wenn wir gut sind und wenn sich das Gute, das wir anbieten können, auch dementsprechend herumspricht. So einfach ist das!«

Horst nickte anerkennend. »Donnerwetter, Herr Gebert! Das war aber ein überzeugendes Plädoyer für den Tourismus im Taubertal! Sie könnten tatsächlich direkt ins Marketing einsteigen. Solche Aussagen aus berufenem Mund sind doch einfach Gold wert! Also, jetzt haben sie uns aber neugierig gemacht! Was ist das nun für eine Wirtschaft da – in Tauberzell, glaube ich, haben sie gesagt?«

»Ja, richtig, Tauberzell!«, pflichtete Gebert ihm bei. »Das ist eine ehemalige Mühle, die steht direkt auf der Landesgrenze. Also, die eine Hälfte gehört zu Baden-Württemberg und die andere Hälfte zu Bayern, beziehungsweise Franken – wie immer sie wollen. Und der Clou ist nun der: Die Grenze, die zieht sich sichtbar mitten durch die Gaststube. Sie können also von Fall zu Fall auswählen, ob sie den Abend lieber in Bayern oder in Baden-Württemberg zubringen wollen. Und dennoch in ein und derselben Wirtschaft nebeneinander sitzen!«

»Ha, da redet jemand über die Holdermühle in Tauberzell! Nur Positives hoffe ich doch sehr!«, ließ sich im selben Moment eine laute Stimme vom Eingang her vernehmen. Kohlmüller! Offenbar hatte er seinen salbungsvollen Campingplatz-Gottesdienst hinter sich gebracht und befand sich nun entweder auf der Pirsch nach neuen versprengten Schäfchen einer potentiellen Gemeinde oder aber auf der Suche nach etwas Trinkbarem! Das letztere war – zumindest vordergründig – der Fall!

»Ja, was haben wir denn da Tolles auf dem Tisch stehen!« Ohne unnütze Fragen an die anderen zu verschwenden, griff er sich die Flasche Wildkirsch Nr. 1 und hielt sie strahlend in die Höhe. »Ein feines Tröpfchen haben sie sich da ausgesucht! Donnerwetter!« Anerkennend schnalzte er mit der Zunge. »Na, liebe Schwestern und Brüder: Sie werden mich doch wohl nicht verdursten lassen wollen?«, blinzelte er frech zu dem sichtlich angefressenen Gebert hinüber.

»Natürlich nicht! Das lasse ich mir in hundert Jahren nicht nachsagen!«, knurrte der und schenkte das Glas des Predigers großzügig voll. »Aber in dieser Hinsicht lasse ich mir auch nichts ans Bein binden!«, klopfte er mit dem Bleistift auf den Notizblock und brachte zwei weitere Striche auf ihrer Edelbranntwein-Konsumliste an. »Ein Doppelter, das müsste hinkommen. Mehr gibt's allerdings nicht«, warnte er gleichzeitig vor eventuellen allzu übertriebenen Erwartungen.

»Schon in Ordnung, mein Sohn«, gab der Heuchler salbungsvoll zurück. »Ah, einfach ein gutes Tröpfchen!« Mit einer übertriebenen Handbewegung führte er das Glas langsam und bedächtig wieder auf den Gasthaustisch zurück. In Windeseile legte er eine feierliche Miene an den Tag und ohne Vorwarnung ging es ziemlich genau an jener Stelle weiter, an der die Meyers vor noch gar nicht allzu langer Zeit die Flucht ergriffen hatten. »Wer mein Fleisch isset und trinket mein Blut, der bleibt in mir und ich in ihm! Wie mich gesandt hat der lebendige Vater ...«

»Herr Kohlmüller! Ich bitte sie!« Martin Seeger, der Verwalter des Campingplatzes stürmte (gottlob) in diesem Moment herein und unterbrach die Predigt des bibelfesten Weinhändlers genauso lautstark wie entschieden. »Ich möchte jetzt gar nicht wieder von vorne anfangen, Herr Kohlmüller, aber sie wissen doch ganz genau, was wir vereinbart hatten. Keine Missionierungsversuche an normalen Campingplatzbesuchern, keine Spontangottesdienste in der Gaststätte, dreimal in der Woche Andacht vor ihrem Wohnwagen: Das muss doch, weiß Gott, ausreichen!« Seeger stemmte die Hände in die Hüften und funkelte den Prediger wütend an.

Der hob als Zeichen seiner Kapitulation zerknirscht die Hände. »Schon gut, mein Sohn, schon gut, schon gut! Der Herr spricht: Ich bin vom Himmel gekommen, nicht damit ich meinen Willen tue, sondern den Willen des, der mich gesandt hat. Das ist aber der Wille des ...«

»Kohlmüller! Es reicht! Endgültig!« Zur Bestätigung seiner lautstark aufgerufenen Worte donnerte Seeger die Faust krachend auf den Tresen. »Schluss jetzt, oder es ist ganz aus mit dem ganzen christlichen Getue! Ende der Diskussion!«

Angesichts der entschlossenen Miene des Verwalters schluckte der Prediger den wütenden Protest, den er dem »Gotteslästerer« hatte entgegenschleudern wollen, zähneknirschend hinunter und ergab sich mit bemerkenswertem Tempo heuchlerisch in sein Schicksal. »Der Herr hat's gegeben, der Herr ...« Er verstummte augenblicklich, als er die Lawine heranrollen spürte, die ihn bei einem weiteren Wort gnadenlos unter sich begraben hätte.

»Ja, also ... Wo waren wir stehen geblieben?«, versuchte Gebert den Gesprächsfaden wieder aufzunehmen.

»Tauberzell hieß das Nest, glaube ich! Die Holdermühle ist es«, half ihm Protnik auf die Sprünge.

»Richtig!« strahlte der Journalist erfreut. »Also, da würde ich sie ganz gerne einmal hinbegleiten – sofern sie das natürlich wollen«, setzte er noch bescheiden hinzu.

Mit einem raschen Blick in die Runde versicherte sich Horst der Tatsache, dass er die Mehrheit auf seiner Seite hatte. »Aber klar doch. Gerne sogar! Wir sind für jeden Insider-Tipp dankbar, keine Frage!«

»Na dann!« Gebert gab das Lächeln dankbar zurück. »Nur, heute Abend habe ich schon einen anderen Termin. Da kriege ich das nicht mehr auf die Reihe. Aber wie wäre es mit morgen Mittag. Da könnte ich es einrichten. Und mittags ist es vielleicht sogar gemütlicher dort: Nicht ganz so voll und von daher auch ganz einfach individueller! Was meinen sie?«

143

Wieder bedurfte es nur eines flüchtigen Kontrollblickes, um das Angebot des Taubertal-Kenners dankend anzunehmen. »Natürlich, das machen wir so! Und wie kommen wir dorthin? Treffen sie uns hier, oder sollen wir selbst zur Mühle kommen?«

»Kein Problem!« Kohlmüller schien sich von der Attacke des Verwalters wieder insofern erholt zu haben, als er sich bei diesem Stand der Diskussion zu Wort meldete. »Ich kenne das Lokal sehr gut. Wollte sowieso wieder mal dorthin, um die aktuelle Weinkarte durchzuprobieren. Der hat ja mittlerweile auch so einen Tauberschwarz auf der Karte – und der soll gar nicht einmal von schlechten Eltern sein. Wissen sie was?« Kohlmüller breitete die Arme aus. »Ich komme mit ihnen mit und lotse sie morgen Mittag vom Campingplatz aus dorthin!«

Obwohl sich die Begeisterung der Anwesenden in engsten Grenzen hielt, gab dennoch keiner von ihnen Protestbekundungen von sich. Mit anderen Worten: Sie ergaben sich feige in ihr Schicksal.

Kohlmüller schien den nicht vorhandenen Widerspruch für sich unter dem Kapitel Erfolg auf der ganzen Linie zu verbuchen und strahlte honigsüß in die Runde: »Na dann! Bis morgen also, die Herrschaften. Ich muss mich jetzt – leider – von ihnen verabschieden. Habe nämlich noch einen wichtigen Termin in Heilbronn wahrzunehmen. Bis morgen also!« Er kniff die Augenbrauen zusammen und fixierte die goldene Armbanduhr an seinem linken Handgelenk. »Viertel vor zwölf hier morgen vor der Gaststätte, würde ich sagen!« Er setzte sich den schwarzen Hut auf den Kopf, der allem Anschein nach seinen unabdingbaren Begleiter zu allen Jahreszeiten darzustellen hatte, und ging gemessenen Schrittes davon.

Kapitel XVII

»Oh barmherziger Gott!« Seeger schüttelte mit allen Anzeichen der Resignation seine grauen Haare und verzog schmerzvoll die Mundwinkel. »Den bekehren sie nicht mehr! In tausend Jahren nicht! Eher andersherum: Irgendwann schafft der mich auch noch, mit seiner andauernden Frömmelei!«

»Ein furchtbarer Kerl!« Gebert tippte sich an die Stirn. »Also, wenn sie mich fragen: Der hat nicht mehr alle Tassen im Schrank! Aber ganz gewaltig sogar!«

»Seit wann treibt denn der bei ihnen sein frommes Unwesen?«, erkundigte sich Horst interessiert beim Verwalter des Campingplatzes.

»Na ja«, Seeger überlegte kurz. »Lassen sie mich mal nachdenken. Das dürfte vor gut und gerne drei Jahren begonnen haben. Ich bin jetzt seit vier Jahren auf dem Platz, da war der schon eine ganze Weile mit seinem Wohnwagen hier. Aber das mit dem predigen, das hat der erst vor drei Jahren angefangen. Und seit zwei Jahren hat er auch diesen ganz großen, protzigen Wohnwagen hier stehen. Da hat er die ersten Male dann auch eine Beschallung dazu aufgebaut: Also ich kann ihnen sagen! Da sind fast die Blätter von den Bäumen gefegt worden, so laut war das!«

»Unglaublich!« Gebert musterte den Verwalter neugierig. »Mir ist nur nicht klar, weshalb sie sich das alles schon so lange bieten lassen. Das ist doch, wenn ich das als Außenstehender richtig beobachtet habe, ein permanentes Katz-und-Maus-Spiel, das der da mit ihnen treibt. Also ich – ich hätte den schon längst am Kragen gepackt und rausgeworfen!« Er beschrieb eine dementsprechende Geste, um die Entschlossenheit, mit der er die Sache angegangen wäre, auch optisch zu unterstreichen.

»Wenn das immer so einfach wäre, wie die Zeitungsschreiber es uns immer glauben machen wollen!« Seeger blitzte dem Redakteur säuerlich ins Gesicht. »Aber die Welt ist komplizierter, als sie glauben. Was denken sie, was da für ein Geschrei losbrechen würde, wenn ich einen christlichen Prediger vom Campingplatz jagen würde. Sie würden einen Aufstand machen und furchtbar empört über die Heiden vom Creglinger Zeltplatz berichten! Jawohl! Sie! Gerade auch sie als Journalist! Machen wir uns doch nichts vor, Herr Gebert: Das wäre doch ein gefundenes Fressen für eine dicke fette Schlagzeile, oder?«

Der Redakteur wich dem Blick des anderen aus und senkte verlegen den Kopf. »Na ja. Ganz so schlagzeilengierig sind wir hier dann auch wieder nicht«, murmelte er wenig überzeugend.

»Na gut!« Seeger, der bemerkte, dass er den anderen mit seiner Argumentation in die Knie gezwungen hatte, lenkte versöhnlich ein. »Sie vielleicht nicht, Herr Gebert! Aber sie kennen ihre Zunft schließlich besser als ich: Ein Aasgeier ist immer dabei. Und dem muss ja nicht unbedingt ich als willkommenes Opfer dienen, oder?«

»Stimmt schon«, sprang Horst für den geschlagenen Redakteur in die Bresche. »Das ist so eine Sache, wenn man mitten im schließlich immer noch christlich dominierten Herzen von Europa einem Prediger mit einer christlichen Botschaft den Mund verbietet – und daneben zulässt, wie die Moslems Moscheen bauen! Also, da bin ich mir ganz sicher: Da würde ein Aufschrei durchs christliche Abendland dröhnen. Und sie hier, sie hätten den ganzen Stress damit!«

»Es wäre ja alles nur halb so schlimm, wenn von der Landeskirche wenigstens ein eindeutiges Signal kommen würde. Aber nein.« Der Verwalter schüttelte den Kopf. »Die sagen gar nichts dazu, zumindest nichts Negatives. Ich habe mich ja auch schon an den evangelischen Pfarrer gewandt und der hat Kontakt mit seiner Kirchenleitung aufgenommen, weil ihm dieser Kohlmüller selbst ein Dorn im Auge ist, mit seiner gnadenlosen Auge-um-Auge-Bibelauslegung. Aber von ganz oben kommt da nichts, eher im Gegenteil. Die Kirchenoberen scheinen sogar die Hand über dieses Mysterium Christi zu halten – sagt mir der Pfarrer hinter vorgehaltener Hand!«

Claudia schreckte hoch. »Mysterium Christi! Überall, wo ich in den letzten Tagen gewesen bin, stolpere ich immer wieder über diesen Begriff. Mysterium Christi ... Vor grade mal einer halben Woche habe ich noch nicht einmal gewusst, dass es die gibt. Aber dann hast du, Horst, uns ja im Kochertal ...«

»Na ja, ich hab da halt auch so was gehört«, unterbrach Horst seine Ehefrau geistesgegenwärtig. Nein, das wollte er jetzt wirklich nicht haben. Schon gar nicht in Anwesenheit eines Journalisten. Dass da diese christliche Sekte öffentlich irgendwie in Verbindung mit dem Selbstmord des Heilbronner Autohändlers gebracht werden würde ... Nein, danke! Und er dann als Tippgeber mittendrin im Schlamassel! Nein, das musste nun aber wirklich nicht sein! Wenn man ihn wegen seiner kritischen Äußerungen über den baden-württembergischen Polizeiapparat loswerden wollte, dann war das eine Sache. Aber nicht so, nicht auf diesem Weg! Diese Steilvorlage würde er seinen zahlreichen Intimfeinden in der Direktion und vor allem beim Landeskriminalamt nicht liefern – auf gar keinen Fall! Verstohlen schielte er in die Runde. Aber anscheinend war niemandem die rüde Art aufgefallen, mit der er Claudia in die Parade gefahren war.

»Wissen sie, was das Schlimmste an diesen Brüdern ist?« Gebert hob bedeutungsvoll den Kopf. »Dass sie ganz gezielt Spenden sammeln – und zwar auf eine Art und Weise, die jenseits von gut und böse ist! Das geht ganz einfach: Da werden die alten Omas mit dem schönen dicken Sparbüchle besucht und mit christlichen Botschaften vollgesülzt. Dass sie in den Himmel kommen, wenn sie den irdischen Ballast einer frommen Vereinigung hinterlassen. Dass bald der Tag des Jüngsten Gerichts kommen wird, dass die Anzeichen dafür sich häuften und dass sich dann ein jeder fragen lassen müsse, ob er (oder sie – gerade sie!) genug für die armen und bedürftigen Seelen dieser Welt gespendet hätten. Der ganze Mammon, der ganze irdische Ballast ...«

»Aber ich bitte sie, Herr Gebert!« Claudia unterbrach den Redeschwall mit einer unwilligen Handbewegung. »Das glauben sie doch selber nicht, dass jemand heutzutage noch auf so etwas reinfällt! Im Leben nicht!«

»Haben sie eine Ahnung!« Der Journalist hob warnend den Zeigefinger. »Ich hätte es ja selber nicht für möglich gehalten, wenn ich es nicht mit eigenen Augen und Ohren mitbekommen hätte! Und genau deshalb habe ich diese Typen ja so gefressen!« Er legte eine Pause ein, bevor er mit seiner Erklärung fortfuhr. »Also, ich hatte da bis vor einem Jahr eine hochbetagte Tante in Karlsruhe. Die hat ganz schön was auf dem Sparbuch gehabt – und eine gute, nein, eine sehr gute Rente hat sie auch bekommen. Der Mann ist vor ein paar Jahren schon gestorben und die alte Frau, na ja, wie soll ich es sagen? Die Tante Lydia, die war halt ein bisschen altersverwirrt. Die hat den ganzen Tag nur irgendwelche christlichen Traktätchen gelesen und den Evangeliumsrundfunk gehört – und dabei fast nichts gegessen und getrunken, sondern die ganze Rente eisern gespart. Ich bin dann ab und an mal hingefahren, und hab ihr wieder einen Kofferraum voll Proviant gebracht ...«

»Ganz uneigennützig!« Es gab Situationen, in denen sich Horst am liebsten ohrfeigen würde. Wie oft war ihm das schon passiert: Dass die Zunge schneller war als der Verstand.

Er handelte sich dementsprechend einen mörderischen Blick von Claudia ein, während der Journalist, scheinbar unbeeindruckt von diesem Einwurf, in seiner Erzählung fortfuhr. »Ja, uneigennützig! Wirklich! Die Tante Lydia, die ist mir halt ans Herz gewachsen: So eine liebe alte Frau, die keiner Fliege was zu Leide tun konnte. Da ist sie im Winter den ganzen Tag über in der Küche gesessen, um keinen zweiten Raum heizen zu müssen, und hat ihre christlichen Blättchen studiert. Und immer, wenn ich gekommen bin, dann hat sie mir freudestrahlend einen Vortrag gehalten über die Endzeit, über das Jüngste Gericht und dass sie bereit wäre für den Herrn. Ich sei ja hoffentlich auch ein gläubiger Mensch, denn nur der Gläubige könne das demnächst beginnende Weltgericht überstehen und anschließend sofort in den Himmel kommen. Nur wer sich von den weltlichen Lasten ganz und gar befreit hätte, sei dazu in der Lage. In dem Gottesdienst, zu dem sie immer extra abgeholt wurde, da sage das der Bruder Prediger jedes Mal. Und der müsse es doch schließlich wissen, wo er ja selbst so ein herzensguter und mildtätiger Mensch sei. Denn hinterher, nach dem Gottesdienst (in dem übrigens fast jedes Mal irgend jemand plötzlich vom Heiligen Geist befallen werde, was sich offenbar in einer Art Veitstanz bemerkbar gemacht habe), da bekomme man sogar noch zusammen mit den anderen Brüdern und Schwestern eine kostenlose warme Mahlzeit spendiert.

Dass sie die vorher mit der Spende für den Gottesdienst-
besuch bereits zehn Mal bezahlt hatte, das ist ihr niemals
klar geworden! Na ja ...« Wieder legte der Journalist
eine kleine nachdenkliche Pause ein, bevor er weitersprach. »Ich weiß nicht wieso, aber irgendwie bin ich
dann plötzlich misstrauisch geworden. Die Tante hatte
da auch so einen merkwürdigen Brief auf dem Küchen-
tisch liegen, der sah aus wie eine Zahlungserinnerung.
Das ist mir dann doch komisch vorgekommen. Und
siehe da: Ich hatte ins Schwarze getroffen!«

Wieder legte Gebert eine Kunstpause ein, um das
eben Gesagte auf die Anwesenden wirken zu lassen.
»Es war tatsächlich eine Mahnung. Und zwar vom örtlichen Stromversorger. Die Tante Lydia hatte ihre
Stromrechnung nicht bezahlt. Nicht aus Vergesslich-
keit, nein, das war unschwer aus der Mahnung heraus-
zulesen. Sie hat das sowieso per Abbuchungsverfahren
gemacht, das hatte ich für sie nach dem Tod ihres Mannes so gemanagt. Umso merkwürdiger also die Sache
mit der Zahlungserinnerung. Aber da stand dann
schwarz auf weiß zu lesen, dass sich die Bank gewei-
gert habe, die anstehende Lastschrift auszuführen. Das
Konto sei überzogen! Und das bei einer Rente von
insgesamt fast 2.000 Euro! Können sie sich das vorstellen? Wo die Tante doch höchstens 250 Euro für sich
gebraucht hat, aber wirklich allerhöchstens!«

Gebert nickte düster. »Was glauben sie? Aus allen
Wolken bin ich gefallen, als ich das seinerzeit mitbekommen habe! Die Tante hat mir dann ihre Sparbücher

und die Kontoauszüge zeigen müssen. Und als ich die gesehen habe, da bin ich dann wirklich fast umgefallen! Keine müde Mark mehr weit und breit! Die hat alles den christlichen Brüdern gespendet, alles! Und die haben es natürlich mit christlicher Demut dankend angenommen! So sehr habe sich der Prediger bei ihr bedankt, hat die Tante mit fröhlichem Lächeln erzählt! Er habe sich so arg über das Geld gefreut und ihr versprochen, dass er es für eine ganz besonders schöne Wand seines Kirchenneubaus verwenden würde! Ach ja, und diese alte Geige, die habe sie ihm dann auch gleich noch mitgegeben; für seine kleinen Kinder, die doch so musikalisch seien!« Der Redakteur verzog schmerzlich das Gesicht. »Ich habe mich bei einem Musikinstrumentenspezialist erkundigt: Also 20.000 Euro war das Teil auf gar keinen Fall wert, eher mehr als weniger! Tja, so war das!« Er klatschte wie zur Bestätigung seines Vortrags in die Hände. »Ich bin dann zusammen mit ihr auf die Bank gegangen und habe die Dinge geregelt. Entmündigen lassen habe ich sie nicht wollen, obwohl man mir das auf der Bank geraten hat. Nein, ich habe ihr aber noch das Versprechen abgenommen, jetzt erst einmal wieder eine gewisse Summe zusammenzusparen, bevor sie wieder an christliche Bedürftige spende. Wenigstens so viel, um später einmal ihr Begräbnis bezahlen zu können. Doch, das war ihr ganz wichtig. Als sie mitbekommen hat, dass ja nicht einmal dafür mehr Geld vorhanden war, da hat sie schließlich eingesehen, dass ich nicht ganz Unrecht haben konnte. Letztes Jahr dann ist die Tante gestorben – und obwohl wir eine Todesanzeige in der Karlsruher Zeitung geschaltet hatten, ist von den christlichen Brüdern und Schwestern keiner bei der Beerdigung aufgetaucht. Zumindest hat sich niemand zu erkennen gegeben, keiner von denen hat eine Rede halten wollen oder hat einen Kranz vorbeigeschickt. Nichts! Gar nichts! Für die schnöde Beerdigung, dafür war dann wieder die normale Amtskirche zuständig. Klar, um die ganz alltäglichen irdischen Angelegenheiten können sich die heiligen Herrschaften ja nicht auch noch kümmern!«

Gebert hatte sich regelrecht in Rage geredet und war drauf und dran, in seiner zornigen Analyse fortzufahren, wenn sich nicht just in diesem Augenblick eine unruhige Kinderstimme zu Wort gemeldet hätte. »Können wir jetzt endlich gehen, Mama? Mir ist langweilig!« Es war Nina, die ihre momentane Zustandsbeschreibung noch drastisch mit einem demonstrativen Gähnen untermalte.

»Mir auch!«, hakte wie auf ein Stichwort nun auch Fabian nach. »Wo schlafen wir denn jetzt heute Nacht? Müssen wir noch mal ins Zelt, oder wie?«

»Nein, müssen wir nicht!« Claudia lächelte verlegen in Richtung des Zeltplatzbetreibers. »Wir müssen das nur noch dem Herrn Seeger erzählen, dass wir wohl doch nicht so perfekte Camper sind, wie wir uns das gedacht hatten. Deshalb haben wir beschlossen, unsere Zelte im wahrsten Sinn des Wortes hier abzubrechen und zu dem Herrn Protnik ins Blockhaus zu ziehen!«

»Na ja, kann man nichts machen!« Der Verwalter hatte im Lauf der Jahre die unglaublichsten Erfahrungen mit allen möglichen und unmöglichen Varianten von Möchtegern-Campern gesammelt. Ihn konnte so leicht nichts mehr erschüttern. »Aber vielleicht kommen sie ja dennoch einmal wieder – wenn verlässlich eine Woche lang die Sonne scheint!«

»Gut möglich«, pflichtete Claudia ihm bei, auch wenn sie ganz genau wusste, dass sie ihren Mann nie wieder zum Camping würde überreden können – und wenn sie ganz ehrlich mit sich selber war: Auch nicht überreden wollte. »Ja, also dann: Auf geht's!« Sie warf einen fragenden Blick in Richtung Uschi Abele.

Das Bebele verstand sofort und schüttelte energisch den Kopf. »Nein, auf gar keinen Fall. Ich gehe in das Landhotel, basta!« Sie lächelte zuckersüß ins Antlitz des Redakteurs, der den Vorschlag ja auch unterbreitet hatte. »Der Herr hier, der wird mich sicherlich dorthin lotsen, nicht wahr?«

Gebert fixierte den Lebensgefährten des Bebele unsicher aus den Augenwinkeln. Doch von dort kam keinerlei Reaktion. Protnik hing deprimiert und apathisch in den Seilen. »Aber selbstverständlich! Es ist mir ein Vergnügen! Kommen sie, das machen wir am besten jetzt gleich, bevor ihnen doch noch jemand zuvorkommt und das schöne Zimmer wegschnappt! Also dann, die Herrschaften, wie abgemacht bis morgen dann. Mittagessen in der Holdermühle im baden-württembergisch-bayrisch-fränkischen Niemandsland! Auf

Wiedersehen in Tauberzell!« Er tippte sich zum Abschied an die imaginäre Hutkrempe und verließ das Lokal mit dem Bebele im Schlepptau, das hoch erhobenen Hauptes den Autoschlüssel schwang.

Kapitel XVIII

»Zum letzten Mal, Bruder Kritter! Da muss noch mehr gewesen sein!« Zornentbrannt war der schwarz gekleidete beleibte Mann auf sein Gegenüber losgestürmt und blitzte ihn aus eiskalten blauen Augen wütend an. »Wenn du mehr weißt, als du bisher gesagt hast, dann ist jetzt hohe Zeit dafür, alle Fakten auf den Tisch zu legen!« Er packte den überraschten Mann an dessen Jacketaufschlägen und schüttelte ihn derb. »Heraus jetzt mit der Sprache! Aber endgültig!«

»Bruder Siegfried! Bitte!« Der Angegriffene keuchte schwer, während er sich mit panischem Entsetzen in dem kahlen schmucklosen Raum umblickte. Das unangenehme diffuse Dämmerlicht, das durch die heruntergelassenen Jalousien drang, verstärkte die angsteinflößende Atmosphäre, die von dieser beklemmenden Situation ausging. Hilfe war weit und breit nicht in Sicht. Er musste sich selbst zur Wehr setzen, durfte die Situation um Gottes willen nicht weiter eskalieren lassen! »Da ist nichts und ich weiß nichts!« Zitternd tastete er nach den Händen des Angreifers und schob ihn mühsam von sich.

»Na hoffentlich!« Der Prediger strich sich über die schweißnasse Stirn, während er den angstschlotternden Mann weiterhin streng observierte. »Es ist nur merkwürdig, dass du damals den entscheidenden Tipp gegeben hast, dass seit einiger Zeit Geld von unserem Konto abfließt. Das hat doch gerade so geklungen, als würdest du sogar mich persönlich ...«

157

»Um Himmels willen, nein!« Der zitternde, vor Angst und Kälte bebende Franz Kritter, hob flehend die Hände. »Nicht im Traum habe ich daran gedacht, dass du ...«

»Aber um ein Haar hättest du mich mit deinen unvorsichtigen Bemerkungen in ein schiefes Licht gerückt! Das vergesse ich nicht! Niemals!« Wieder kam der Prediger langsam und drohend näher. »Wer so agiert, der will doch in Wirklichkeit nur von sich selbst ablenken! Gestehe!«

»Aber nein! Aber nein!« Kritter wich, von Panik getrieben, in die Ecke zurück. »Es hat sich doch hinterher alles ganz eindeutig aufgeklärt! Der Friedrich Rümmele und sein Griff in die Kasse für den Autohaus-Neubau. Das schlechte Gewissen, das ihn dann geplagt hat! Und wie du, Bruder Franz, dann doch alles aufgeklärt hast!« Wie schaffte er es nur, lebendig aus dieser entsetzlichen Situation herauszukommen. Hatte Kohlmüller, von blindwütigem Verdacht zerfressen, ihn absichtlich für den heutigen Nachmittag hierher in das leerstehende Fabrikgebäude im Heilbronner Industriegebiet gelockt, um ihn für Finanzmanipulationen zur Rechenschaft zu ziehen, die andere begangen hatten. Musste er als Opfer für Taten einstehen, mit denen er doch nicht das Geringste zu tun hatte? Schützend hob er die Hände vor den Kopf, während sich der andere bedrohlich vor ihm aufbaute.

»Und weshalb hast du dann kürzlich am Telefon so geheimnisvoll angedeutet, dass du diesbezüglich doch noch eine Frage hättest?«, zischte es scharf aus dem Mund des dunkel Gekleideten.

»Da war doch nur … das sollte doch bloß noch …« Er schaffte es nicht mehr, einen klaren zusammenhängenden Satz zu formulieren. Allmählich schwanden seine Kräfte. Das Pochen des Herzens hämmerte gnadenlos durch sein gemartertes Gehirn. »Wirklich, Bruder Siegfried … Da ist nichts!« Er lehnte sich gegen die Wand und sank langsam zu Boden. »Glaub mir doch endlich!«, schickte er eine gequälte Bitte hoch zu seinem Peiniger. Er lockerte den Knoten seiner Krawatte und schnappte mühsam nach Luft.

War das nun das Ende?

Hatte es so weit kommen müssen?

Hatte er mit seinen peniblen Finanzrecherchen ganz einfach überzogen und damit das geistliche Oberhaupt ihrer Vereinigung über Gebühr beleidigt? Nur, weil da noch eine Frage offen war? Eine einzige? Nur noch … Die Gedanken jagten durch sein Gehirn, ohne sich zu einer logischen Abfolge verknüpfen zu können.

Das Ende! Aus! Vorbei! Ein tiefes warmes Glücksgefühl durchströmte plötzlich seinen Körper. Mit einem Mal fühlte er sich geborgen und federleicht emporschwebend, eingebettet in eine angenehme Hülle weicher weißer Watte. Es war vollbracht!

Er atmete leise aus. Ganz leise. Kritters Kinn sank schlaff auf seine Brust herunter.

»Ich hoffe sehr, dass du das auch wirklich verinnerlicht hast, was du da gerade gesagt hast! Ich will nie wieder etwas über diese unglückliche Geschichte hören, sind wir uns einig?!« Der Prediger blieb reglos stehen und wartete auf die unterwürfige Zustimmung des anderen. Doch es kam nichts. Kein Ton drang über dessen Lippen.

Ärgerlich wirbelte Kohlmüller herum. »Ob wir uns verstanden haben!«, donnerte er, einem Racheengel gleich, auf sein Opfer herunter.

Noch immer kein Ton, keine Antwort.

»Ich höre nichts!« Zornesröte überzog neuerlich sein Gesicht und verlieh ihm eine ungesunde Färbung. Wütend beugte er sich hinunter. »Ob du mich verstanden hast, will ich wissen«, zischte er böse in das Gesicht des Toten. Doch dann bemerkte er das Unglück! Schlagartig! »Ach du große Scheiße!« Hektisch tätschelte Kohlmüller die Wangen des regungslos in der Ecke kauernden Mitbruders. »Franz, he Franz! Komm endlich wieder zu dir!«

Nichts! Keine Reaktion!

Kohlmüller tastete nach dem Handgelenk, um den Pulsschlag zu fühlen, legte sein Ohr auf dessen Brust, um einen eventuellen Herzschlag hören oder verspüren zu können: Nichts!

»Tot! So eine Sauerei!« Er richtete sich auf und starrte verzweifelt auf den Toten herunter. »Das hat mir jetzt grade noch gefehlt zu meinem Glück!« Mit raschen Schritten eilte der Prediger zur Tür. Ein plötzlicher Gedanke ließ ihn innehalten. Er drehte sich um und nahm den Toten noch einmal scharf ins Visier. »Richtig! Gut, dass ich das noch bedacht habe!« Wieder beugte er sich zu dem toten Kritter hinunter und ergriff dessen linke Hand. Umständlich streifte er den achteckigen goldenen Ring von dessen Mittelfinger, verglich ihn kurz mit dem identischen Ring, den er ebenfalls am linken Mittelfinger trug, und ließ ihn anschließend in seine Hosentasche gleiten. »Entschuldigung!« murmelte der Prediger, während er sich langsam wieder erhob. »Aber das musste einfach sein! Bevor wir da wieder in ein schiefes Licht geraten ...« Er nickte zufrieden und verließ gemessenen Schrittes den Raum, ohne sich noch ein weiteres Mal umzusehen.

Kapitel IXX

»Na, was sagst du dazu!« Begeistert deutete Horst mit dem ausgestreckten Arm auf das vor ihnen zwischen den Bäumen allmählich zum Vorschein kommende romanische Kirchlein. »Ist das nicht herrlich? Romanik pur!«

»Nicht schlecht«, pflichtete Claudia ihrem geschichtsbegeisterten Gatten bei, dessen Vorliebe gerade für im romanischen Baustil errichtete Kirchen sie nur allzu gut kannte – und durchaus bis zu einem gewissen Grad auch teilte. »Ein wirklich schönes Kirchlein!«

»Weshalb diese Dinger aber auch immer auf den höchsten Bergen stehen müssen!« Protnik, der die Meyers bei ihrem Radausflug von Creglingen hoch in den Teilort Standorf begleitet hatte, wischte sich erschöpft den Schweiß von der Stirn. »Und dann kommt da plötzlich noch die Sonne raus – und an diesem blöden Leihfahrrad ist auch noch die Gangschaltung kaputt!«, maulte er verbunden mit einem bösen Blick auf das kurz vorher in Creglingen ausgeliehene Fahrrad in die sonnendurchflutete Landschaft hinein.

»Ich hab's dir aber gleich gesagt, dass es den Berg hochgeht, und zwar kräftig!« wandte Horst ein, der erst gar nicht in die Verlegenheit zu geraten gedachte, sich den Vorwürfen des Freundes und Kollegen schutzlos auszusetzen. »Das kannst du nicht abstreiten! Gewarnt warst du!«

»Gewarnt, gewarnt!« Protnik fingerte ein großes ehedem weißes Taschentuch aus seiner Hosentasche und begann damit, sich erschöpft den schweißnassen Nacken abzuwischen.

»Das waren ja weit über hundert Höhenmeter, die wir da hochgestrampelt sind!«, schnaubte er empört.

»Kann gut sein«, gab Claudia grinsend zurück. »Aber das ist doch eigentlich schon vorher klar gewesen, oder? Zu einer Kirche, die oben auf dem Berg liegt, kann man halt mal nur schwerlich im Leerlauf fahren!«

»Danke für die Belehrung«, knurrte der erschöpfte Protnik. »Aber die eigentliche Sauerei ist doch die, dass du da erst vom Taubertal aus hochstrampelst. Und dann meinst du ja in Niederrimbach schon, du hättest es geschafft. Aber nein, nun geht's erst mal wieder bergab, um danach doppelt so steil wieder hochzusteigen! Unglaublich! Und dazu noch diese Sonne! Wo die Wetterheinis doch einen kühlen, wolkenverhangenen Tag prophezeit haben. Und dann ich mit meinem Fleecepullover!« Er schüttelte entrüstet den Kopf. »Und zum guten Schluss dann diese viereinhalb Häuser namens Standorf – und nicht einmal eine Kneipe, in der man seinen Durst hätte löschen können! Nein, im Gegenteil: Von diesem Nest aus geht's dann gleich noch mal bergauf, bis dann endlich diese vermaledeite Kirche zum Vorschein kommt!« Nachdem Protnik im Verlauf seiner Jammerarie aber begriffen hatte, dass er bei den erwachsenen Meyers mit sei-

nem Protest auf Granit stieß, wandte er sich auf der
Suche nach neuen Verbündeten den Kindern zu. »Na,
was sagt ihr dazu?«

Die beiden, von sommerlichen Radtouren nicht son-
derlich begeisterten Meyerkinder zuckten gleichgültig
die Schultern. »Das ist doch immer so! Wenn irgendwo
irgendein alter Kasten oder eine Kirche steht, dann muss
der Papa dort hoch. Das kennen wir schon«, schien Sohn
Fabian einsichtig sein Schicksal akzeptiert zu haben.

Auch Nina nickte bestätigend. »Ist halt so, Onkel
Michael. Aber das mit der Gangschaltung, das machst
du falsch!«

»Wie? Falsch?« Protnik runzelte indigniert die Stirn.
Was wollte denn die kleine sechsjährige Göre ihm da
für Belehrungen erteilen? »Von wegen falsch: Das Teil
ist kaputt!«, kommentierte er mit fachmännischem Ge-
sichtsausdruck das Gangschaltung-Malheur an seinem
Fahrrad.

»Ist es nicht«, fiel ihm nun auch Fabian fröhlich grinsend in die Parade. »Du hättest nur erst den Hebel dort
entsichern müssen!« Damit deutete der Junge auf die
rechte Seite des Fahrradlenkers. »Da siehst du, das ist
der Knopf, den man drücken muss!«

Entgeistert starrte Protnik auf das winzige Metallteil an seinem Lenker. »Wie? Was? Das soll eine Siche-
rung sein? Nie im Leben!« Entschlossen verschränkte
er die Arme. »Blödsinn!«

»Kein Blödsinn«, korrigierte ihn Claudia. »Fabian
hat Recht. Da – guck mal!« Sie legte den Daumen an

das Metallteil und drückte es leicht nach vorne. Ein leises Klicken war zu hören. »So, bitte schön, jetzt funktioniert es!«, lächelte Claudia dem verdutzten Protnik an. »Probier doch jetzt mal die Gangschaltung!«

»Den Teufel werd ich! Das hättet ihr mir aber auch weiß Gott früher sagen können!« Reichlich angefressen wandte sich der aus rein technischen Gründen ausgebremste Bergfloh zur Seite. »Unglaublich! Und das wollen meine besten Freunde sein ...«

Während sich die Meyers amüsiert angrinsten und gerade im Begriff standen, ihre Fahrräder an die alte Friedhofsmauer zu lehnen, die das romanische Kirchlein umschloss, drang schon von weitem hörbar eine entfernte ärgerliche Stimme an ihr Ohr: »Ja, was machen sie denn da? Was wollen sie denn hier oben?«

Ein kleiner, untersetzter Mann näherte sich den Besuchern mit kritisch gefurchter Stirn und musterte sie dabei misstrauisch.

»Was wir hier machen? Na, Luft schnappen und uns die schöne Kirche hier ansehen!« Horst warf einen verwundert-fragenden Blick zu seiner Frau hinüber. Die zuckte als stumme Antwort kurz mit den Achseln. Mal schauen, wie sich die Sache weiter entwickelt, sollte das im internen Zeichen-Sprachgebrauch der Meyers in etwa heißen.

»Luft schnappen!« Der Mann war stehen geblieben und stemmte die Hände in die Hüften. »Und das muss man dann ausgerechnet auf einem Friedhof machen, ja?«

»Was heißt hier Friedhof!« So ganz allmählich ging Horst der Kerl vor ihm auf die Nerven. »Wir sind hier hochgeradelt, um uns die schöne Kirche anzuschauen und nicht, um auf dem Friedhof irgendwelche schwarzen Messen zu feiern! Schon gar nicht mit den Kindern!«

War der Ärgerliche beim Stichwort »Schwarze Messen« noch krampfartig zusammengezuckt, so schien der Hinweis auf die beiden Kinder seine Überlegungen nun doch noch in eine andere Richtung zu lenken. »Hm! Ja!«, fasste er sich nachdenklich an das Kinn. »Dann haben sie sich also unten im Dorf den Kirchenschlüssel besorgt?«

»Den Schlüssel besorgt?« Daran hatte Horst beim besten Willen nicht gedacht. »Nein, wieso auch! Ich habe gedacht, das ist ein für die Allgemeinheit tagsüber immer offen stehendes Baudenkmal – erst recht in einer Tourismusregion, wie es das Taubertal ja darstellt!«

»Tourismusregion!« Der kleine ältere Mann schnaubte unwillig. »Die drei Fahrradfahrer, die da pro Jahr den steilen Anstieg bis hier oben in Kauf nehmen! Und wegen denen sollen wir die Kapelle offen stehen lassen? So weit entfernt vom Dorf! Nein!« Er schüttelte entschieden den Kopf. »Das geht nicht gut, so ein fahrlässiger Umgang mit einem derartigen Kunstschatz. Aber dafür gibt es ja in Standorf den Schlüssel. Dort kann man den ausleihen!« Der Mann überlegte kurz. »Sie haben ihn also nicht abgeholt«, fragte er dann, offenbar von neuerlichem Misstrauen beschlichen.

»Nein, haben wir nicht! Weil wir das wie gesagt nicht gewusst haben!« In Horst stieg nun aber wirklich der Ärger hoch – und das aus zwei Gründen: Erstens, weil er ja jetzt nolens volens wieder den Berg hinunter ins Dorf fahren und sich dort den Schlüssel besorgen musste, und zweitens, weil der Kerl ihm allmählich mit seiner Fragerei kräftig auf die Nerven ging.

»So, so – nicht gewusst«, wich der Skeptiker immer noch um keinen Millimeter von der kritischen Distanz, die er zwischen sich und den Touristen aufgebaut hatte.

»Hören sie«, tat Horst nunmehr einen energischen Schritt auf den Mann zu. »Sie haben mir ...«

»Horst!«, fiel ihm Claudia beschwichtigend in den Arm. »Lass mich mal!«

»Also!« Sie breitete die Arme aus und setzte ein charmantes Lächeln auf. »Sie glauben doch wohl nicht, dass wir nur hier hoch geradelt sind, um irgendwelchen Unfug anzustellen, oder? Wir machen Urlaub hier im Taubertal, in Creglingen, und wollen uns die ganzen kulturgeschichtlichen Besonderheiten der Gegend anschauen – nicht mehr und nicht weniger ...«

»Besonderheiten!« echote der andere – immer noch mit skeptischem Unterton. »Und wo bitte übernachten sie, wenn ich fragen darf?«

»Dürfen sie!«, strahlte Claudia freundlich. Horst bewunderte dieses umwerfende Lächeln, das seine Frau

167

immer noch wie selbstverständlich an den Tag legte. Sie wandte sich fragend zu Protnik hinüber. »Wie heißt noch mal der Vermieter, Michael?«

»Der Vermieter?«, kratzte sich der Sputnik nachdenklich am Hals. »Namen ... du weißt ja ... das ist meine schwache Seite ... also wissen sie«, richtete er sich direkt an den kleinen Mann. »Das ist so eine Blockhütte, für acht Personen, in Freudenbach drüben!«, deutete er mit dem Kinn über den Horizont hinüber.

»Ach so! Ja, jetzt ist alles klar! Das ist mein Jagdkamerad, der das Haus vermietet!« Die Verwandlung des Mürrischen vollzog sich in beeindruckendem Tempo. »Ja dann! Und ich habe schon etwas Schlimmes befürchtet! Man kann ja heutzutage nie wissen«, beschied er die anderen mit freundlich-verlegenem Lächeln.

»Aber nein, Randalierer oder sonst etwas Schlimmes sind wir ganz sicher keine! Wie würde sich das auch anhören: Polizisten stören Friedhofsruhe, oder so ähnlich!« Claudia grinste den Mann belustigt an. Und die Worte waren aus ihrem Mund gesprudelt, noch ehe es Horst, der sich in der spärlichen Freizeit möglichst nie mit seinem Broterwerb identifizieren lassen wollte, hatte verhindern können.

Die Miene des Mannes zeigte Respekt. »Wie? Sie sind also Polizisten! Donnerwetter! Das hätte ich aber nicht vermutet, so wie sie jetzt gerade aussehen«, deutete er auf die Freizeitkluft der Taubertäler Radtouristen.

168

»Aber klar, in Uniform sieht man ja sowieso immer gleich ganz anders aus, nicht wahr? Wie früher halt, beim Bund!«

»Nein, nein, wir haben keine Uniformen«, meinte nun auch noch zu allem Überfluss der Sputnik, sich an der Debatte beteiligen zu müssen. »Wir sind bei der Kripo angestellt!«

Horst seufzte resignierend in sich hinein, während der andere ganz offensichtlich Bauklötze staunte. »Bah! Von der Kripo! Das ist ja ein Ding!«

Jetzt fehlte dann nur noch, dass der ein Autogramm von ihnen beiden erbetteln wollte! Du meine Güte! Was war denn schon Besonderes dran, dass man seine Brötchen halt nun mal bei der Polizei verdiente?!

Doch das Erstaunen driftete in eine ganz neue, völlig unerwartete Richtung. »Sie kommen wie gerufen!«

»Wie? Wie meinen sie das denn?« Jetzt war die Reihe an Horst, verständnislos in die Sonne zu blinzeln.

»Ha«, der Mann breitete die Arme aus. »Genauso, wie ich es sage!«

»Und wie sagen sie es denn«, ließ sich Horst etwas unwillig in den zähen Dialog mit dem Gegenüber ein.

»Die Sache ist nämlich die: Ich beobachte da seit Wochen, wenn nicht schon seit Monaten merkwürdige Umtriebe rund um unsere Kapelle!«

»Merkwürdige Umtriebe«, echote es nunmehr aus Protniks Richtung. »Und was bitte ist genau darunter zu verstehen?«

»Ha, so merkwürdige Sachen halt! Da treiben sich, vor allem nachts, in letzter Zeit die seltsamsten Gestalten rum. Seit es in diesem Sommer warm geworden ist, ganz besonders!«

»Irgendwelche Grufties oder Rocker oder sonstige Chaoten?«, versuchte Protnik, dem Orakel etwas deutlicher auf die Sprünge zu helfen.

»Weiß nicht so genau!«, zuckte der ratlos die Achseln. »Aber kommen sie doch bitte einmal mit. Ich möchte ihnen etwas zeigen!« Ohne sich darum zu kümmern, ob die beiden Kommissare genügend Lust verspürten, sich nun auch noch in ihrer Freizeit wieder einmal auf Böse-Buben-Jagd begeben zu müssen, schritt der kleine Mann ihnen durch das Friedhofsareal voran, um an der seitlichen Eingangstür der Kapelle stehen zu bleiben.

»Ein tolles Gebäude – muss man schon sagen!« Horst nickte bewundernd. »Romanik pur – und dann dieser merkwürdig eckige Grundriss ...«

»Ein Oktogon – ein Achteck, äußerst selten in Deutschland«, erläuterte der andere stolz.

»Unsere Ulrichskapelle hier, das ist wirklich etwas ganz, ganz Besonderes. Immerhin hat sie nämlich – im genauen Maßstab verkleinert – den exakten Grundriss der Grabeskirche in Jerusalem!«

»Jerusalem!« Protnik verdrehte vielsagend die Augen. »Na ja, wenn's weiter nichts ist ... Jerusalem in ... wie heißt das Nest hier?«

»Standorf!«

»Ja! Richtig: Standorf!« Der Sputnik bedachte seinen Führer mit einem mitleidsvollen Blick. »Also wirklich: Jerusalem in Standorf! Das Jerusalem des Taubertales sozusagen!« Keinerlei warnende Gesten vermochten die ungezügelte Spottlust des Kripobeamten zu zügeln: »Wenn nicht gar Mitteleuropas!«

»Lassen sie nur!«, winkte der Mann ab, als er Horsts vergebliche Versuche bemerkte, dem Lästermaul Einhalt zu gebieten. »Ich bin diesen Spott gewohnt! Aber das erkläre ich ihnen anschließend! Dürfte ich jetzt bitte erst einmal ihre Aufmerksamkeit auf dieses Türschloss hier lenken?« Er bückte sich nieder und betrachtete intensiv das Schloss in der schweren Eichentür.

Horst tat es ihm nach. Angestrengt kniff er die Augen zusammen, dann wurde ihm klar, was der andere gemeint hatte. »Kratzspuren, eindeutig! Und da, da hat jemand am Schloss herummanipuliert! Das sieht man sofort! Da Michael, guck mal!«

Auch der Sputnik nahm den Tatort nun in konzentrierten Augenschein. »Eindeutig!« pflichtete er den anderen bei. »Da hat jemand heftig dran herumgeschraubt! Und so, wie es aussieht, sogar mit Erfolg! Da ist jemand eingebrochen! Fragt sich nur, was die in solch einem düsteren alten Kasten finden wollten!«

Der Kapellenexperte nahm den neuerlichen Seitenhieb gelassen zur Kenntnis. »Abwarten, mein Herr! Ich werde ihnen das schon noch erklären! Aber vorher noch

171

etwas anderes. Da, sehen sie!« Er deutete mit dem ausgestreckten Arm auf den feinkörnigen Kies, der rings um die Fundamente der Kapelle angeschüttet war. An einer Stelle war eine kleine Vertiefung zu erkennen.

»Kies!« Protnik ließ aber auch wirklich keine Gelegenheit verstreichen, den überlegenen Ermittler zu mimen! »Ganz einfach nur Kies! Soll in dieser Gegend ja ab und an vorkommen!«

Doch der Mann ließ sich nicht beirren und zeigte von der Delle im Kies ungefähr 50 Zentimeter höher hinauf an die weißgetünchte Außenmauer der Kirche. Zwei zirka mandarinengroße dunkelrote Flecken zeichneten sich hier deutlich ab. »Das ist doch Blut! Da bin ich mir fast sicher! Was meinen sie?«

Jetzt hatte die Anspannung auch von Protnik Besitz ergriffen. »Lassen sie mal sehen!« Der Kommissar bückte sich zu den beiden roten Flecken hinunter und betrachtete sie mit plötzlich erwachtem kriminalistischem Spürsinn. Langsam richtete er sich wieder auf und schürzte nachdenklich die Lippen.

»Na, was sagen sie nun?!«, triumphierte der andere. »Das ist doch Blut – eindeutig!«

»Und wenn es so wäre!« Der Sputnik wiegte bedenklich den Kopf. »Dann ist es – beispielsweise – einem Friedhofsbesucher irgendwie übel geworden. Er ist vielleicht umgefallen, womöglich sogar mit dem Hinterkopf auf dem Boden aufgeschlagen und hat sich dabei verletzt. Später hat er sich dann eventuell erschöpft an die Kapellenwand gelehnt ...«

»Vielleicht! Eventuell! Könnte sein! Könnte aber auch nicht sein!« Offensichtlich war der Geduldsfaden jetzt doch noch gerissen. »Und wie kombinieren sie das dann mit der zerkratzten Tür und mit dem mutmaßlichen Einbruch in unser Gotteshaus! Da muss man doch einfach hingehen und zwei und zwei zusammenzählen!«

»Kann man, muss man nicht!«, schaltete sich nunmehr auch Horst in die kriminalistische Fachsimpelei ein. »Natürlich muss man diesen Hinweis ernst nehmen, man sollte sich aber nie schon zu Beginn seiner Ermittlungen so endgültig festlegen! Denn irgendwann stellen sie dann fest, dass sie sich hoffnungslos in ihrer Theorie verrannt haben – und ein Zurück ist dann meistens nicht mehr möglich. Schon deshalb nicht, weil die anderen Spuren in der Zwischenzeit längst verwischt worden sind!«

»Alles richtig, was sie sagen!« Der Mann hatte sich wieder einigermaßen beruhigt und zog einen großen Schlüssel aus der Jackentasche, mit dem er die Eingangstür zur Kapelle öffnete. »Jetzt kommen sie aber einmal mit, dann erkläre ich ihnen das Geheimnis dieses Gotteshauses! Sie alle natürlich auch«, machte er eine einladende Handbewegung in Richtung Claudia und die Kinder.

Und was die bis dahin arglosen Radtouristen dann wenig später im dunklen Innenraum der Kapelle an

Daten und Fakten zu hören bekamen, das hätten sie noch kurze Zeit vorher nicht einmal in ihren kühnsten Träumen zu fantasieren vermocht!

Kapitel XX

»Also, das ist ja schon der Oberhammer!« Protnik war es, der als Erster wieder das Wort ergriff, nachdem die Radfahrer eine gute Weile stumm und tief in Gedanken versunken hintereinander hergefahren waren. »Wenn das stimmt mit diesem Grabtuch ... einfach unglaublich!«

»Wieso sollte es nicht stimmen?«, nahm Claudia den Gesprächsfaden auf. »So schlüssig und einleuchtend wie der Mann das erzählt hat!«

»Aber wirklich, das ist doch die Sensation schlechthin! Da machen sie in Turin einen unglaublichen Wirbel um dieses angebliche Grabtuch Christi! Und hier? Hier weiß kein Mensch darüber Bescheid!« Der gute alte Sputnik! Er hatte gerade eben tatsächlich eine dermaßen heftige Begegnung mit dem Gang der Weltgeschichte hinter sich gebracht, dass er sich noch völlig geplättet von den erstaunlichen Nachrichten aus lange vergangenen Zeiten präsentierte. »Dass ausgerechnet dieses weltberühmte Turiner Grabtuch, auf dem man ja anscheinend das Antlitz Christi abgebildet sehen kann, hier in Standorf aufbewahrt worden ist, das weiß niemand! Unglaublich!«, schüttelte er wieder und wieder den Kopf.

»Na ja, das ist ja andererseits auch schon fast 800 Jahre her«, gab Claudia zu bedenken. »Und hier ist es eben nimmer, aber in Turin, da haben sie es immer noch!«

»Also Turin kannst du ja wohl auch schwerlich mit diesen paar Häusern namens Standorf vergleichen!«, knurrte Protnik indigniert. »Aber wenn es dieser Ritter damals beim letzten staufischen Kreuzzug nicht aus Jerusalem mitgebracht hätte und zwar hierher, wo er dann extra für dieses Tuch eine kleinere Nachbildung der Grabeskirche hat bauen lassen, dann wäre es jetzt womöglich gar nicht mehr vorhanden. Schon gar nicht in Turin!«

»Da hast du natürlich auch wieder Recht!«, pflichtete ihm Claudia bei. »Ich finde ja selber, dass das eine unglaubliche Geschichte ist mit dem Grabtuch. Ich verstehe auch wirklich nicht, dass die hier in der Gegend nicht auch einen großen Teil ihrer Tourismuswerbung darauf abstellen. Denn das ist doch das größte Pfund, mit dem sie hier wuchern könnten. Das ist meiner Meinung nach historisch doch noch viel wertvoller als der ja weiß Gott sehenswerte Riemenschneider-Altar in der Creglinger Herrgottskirche. Und dass es hierher Jahrhunderte lang eine unwahrscheinlich bedeutende Wallfahrt gegeben hat, zu einem der größten Mysterien der Christenheit – auch wenn das Grabtuch hier im 13. Jahrhundert nur ein paar Jahrzehnte aufbewahrt worden ist – das ist doch eine Tatsache, die man nicht genug herausstreichen kann! Also ganz ehrlich, ich verstehe diese Zurückhaltung auch nicht so ganz!«

»Und die Kapelle als solche ist ja auch nicht gerade ohne«, gab Protnik, seit einer knappen Stunde unversehens zum Liebhaber romanischer Gotteshäuser mutiert, darüber hinaus noch zu bedenken. »Diese uralte achteckige Eichensäule da in der Mitte. 1.000 Jahre alt – älter noch als die ganze Kapelle!«

»Also, was mich dann noch ganz besonders faszi-niert hat, das war die Behauptung von dem Mann, dass es Leute geben soll, die ganz genau wissen wollen, dass ein kleiner Stoffteil dieses Grabtuches nach wie vor hier um die Kapelle herum versteckt ist!« Claudia beobach-tete mit Interesse die Gänsehaut, die sich trotz des hel-len Sonnenscheins auf ihren Unterarmen gebildet hat-te. »Da friert man ja regelrecht, bei dem Gedanken daran!«

»Und so ganz und gar ausgeschlossen ist das meiner Meinung nach im Übrigen auch nicht«, wiegte Protnik bedächtig den Kopf. »Wenn man sich mal vorstellt, dass diese Adelsfamilie, wie hießen die doch gleich? Irgend-was mit Hohenlohe, glaub ich ...«

»Hohenlohe-Brauneck«, sprang ihm Claudia hilf-reich zur Seite.

»Also gut, Brauneck. Wenn die also nach dem Tod dieses Kreuzfahrers irgendwann das Grabtuch als Hochzeitsgabe nach Burgund weiterverschenkt haben, na gut, das ist schon denkbar ... Ob sie das aber wirklich freiwillig getan haben, eine derartige Kostbarkeit ein-fach herzuschenken – also ich weiß nicht ... Aber wie auch immer: Ich kann mir schon vorstellen, dass sie wenigstens klammheimlich ein Teil von dem Tuch weggeschnitten und für sich behalten haben. Da ist ja praktisch jeder Faden ein Heiligtum für sich, selbst heutzutage noch! Und dann erst früher! Wenn du daran denkst, was unser Kirchenführer da gesagt hat, dass es ja Theorien darüber gibt, dass dieses Grabtuch für die hochmittelalterliche Ritterschaft so etwas wie den Heiligen Gral symbolisiert hat! Unglaublich! Dass man da wenigstens einen kleinen Teil vom großen Kuchen für sich behalten will, das liegt ja wohl auf der Hand, finde ich!«

»Klingt durchaus logisch!«, bestätigte Claudia. »Und das haben sie dann irgendwo hier in der Nähe versteckt! Vielleicht ja an dieser heiligen Quelle dort unten. Die hat es anscheinend sogar schon vor dem Bau der Kirche gegeben! Wie fandet ihr die eigentlich?« Fragend wandte sie sich um zu ihren Kindern.

»Na ja! Nicht grade der Hit!« Fabian schien sich wenig für den ganzen »alten Plunder« begeistern zu können. »Das war ja nicht mal eine richtige Quelle, dieses Wasserloch hinter der komischen Holztür da!«

»Das hast du nur nicht richtig sehen können, ohne Taschenlampe! Aber hierher, zu diesem Wasserloch, wie du es genannt hast, sind die Leute fast eintausend Jahre lang hingepilgert, weil sie sich von dem wundertätigen Wasser dieser Ulrichsquelle Hilfe bei Augenleiden versprochen haben!«

»Schön blöd!«, kommentierte der Filius trocken. Tochter Nina dagegen zog es vor zu schweigen. Auch ihre Euphorie ob der bedeutenden geschichtlichen Entdeckung vorhin schien sich in engsten Grenzen zu halten.

178

»Unsere Kinder!«, seufzte Claudia belustigt und schloss mit dem Fahrrad zu dem vorausfahrenden Horst auf. »Was ist eigentlich mit dir? Du bist so merkwürdig still! Hat dich das alles so sehr beeindruckt ...?«

Eine Zeit lang wartete Claudia vergeblich auf die Antwort. Aber schließlich kam sie doch. »Kann man schon sagen«, bestätigte Horst und nickte langsam. »Aber was mich noch viel mehr umgehauen hat, das war die Rede von dieser Sekte, die angeblich nachts in der Kapelle und drumherum ihr Unwesen treibt. Denk mal nach: Die Beschreibung von dem merkwürdigen Prediger, der in den letzten Jahren immer wieder in Standorf aufgetaucht ist und mit irgendwelchen christlichen Sektierern dann dort Messen gelesen hat. Und obwohl es ihm der Pfarrer irgendwann verboten hatte, hat er trotzdem weitergemacht. Immer geheimnisvoller – und wahrscheinlich auch immer aberwitziger! Wenn die Beschreibung mal bloß nicht auf unseren Wanderprediger vom Campingplatz passt!«

»Kohlmüller!« Claudia staunte nicht schlecht. »Das wäre ja ein Ding! Andererseits, zuzutrauen wäre es dem, dass er da oben auch noch rumspukt!«

»Das halte ich sogar für äußerst wahrscheinlich! Die Beschreibung passt, das ganze verrückte Getue, das ist ebenso identisch – also ich bin mir fast sicher, dass ich richtig liege!«

»Na ja, wie auch immer! Das müssen die mit dem selber ausmachen! Da brauchen wir uns glücklicherweise nicht drum zu kümmern!« Claudia hatte das Thema rasch und pragmatisch für sich abgehakt.

»Da sei dir mal nicht ganz so sicher!«, widersprach Horst mit nachdenklichem Unterton. »Ich sage als Stichwort nur: Mysterium Christi ...« Er hielt inne und blickte Claudia grübelnd an.

»Mysterium Christi ... na und?!« Horsts Ehefrau wusste nicht so recht, worauf der Kommissar eigentlich hinauswollte. »Dann heißen die eben so! Ach so, das meinst du! Du glaubst, die haben sich nach dem Mysterium dieses Grabtuches extra so genannt. Die Standorfer Kapelle ist also so etwas wie der Mittelpunkt dieser Sekte ...«

»Ja, das wahrscheinlich auch! Aber das ist jetzt grade für mich nur nebensächlich! Denk mal scharf nach. Mysterium Christi ... wo hast du diesen Begriff vor ein paar Tagen zum ersten Mal gehört?!«

Claudia überlegte kurz, dann aber fiel ihr plötzlich die Geschichte wieder ein. Sie bremste ihr Fahrrad abrupt ab, so dass der hinter ihr fahrende Protnik den Zusammenprall nur durch eine heftige Lenkerbewegung, verbunden mit einem kräftigen Fluch, vermeiden konnte. Doch Claudia scherte das nicht weiter. Sie stieg vom Fahrrad und starrte entgeistert ihren Mann an: »Das gibt's nicht! Nein, Horst! Du glaubst doch nicht etwa ... Du meinst, das mit der Kochertalbrücke ...« Es war ein fast schon ängstlicher Ausdruck, mit dem sie das Mienenspiel im Gesicht ihres Mannes verfolgte.

Horst nickte bedeutungsschwer: »Doch, Claudia! Das meine ich! Denk mal weiter! Der tote Autohändler, Mitglied bei Mysterium Christi! Selbstmord! Trotz guter Geschäfte und trotz seiner tiefen Gläubigkeit, die ihm so etwas streng verbietet! Tja, Selbstmord! Was soll der Gerichtsmediziner auch anderes sagen, nach einem Sprung aus gut und gerne 150 Metern Höhe ...«
Auch Horst konnte nun auf seinen Unterarmen eine Gänsehaut bemerken, die sich in Windeseile ausbreitete.

Kapitel XXI

Totenstille herrschte im feucht-kalten Innenraum der kleinen Kapelle. Es war dunkel. So dunkel, dass keiner der in lange schwarze Kapuzenmäntel gehüllten Männer die Gesichtszüge des neben ihm stehenden erkennen konnte. Nur vorne, links und rechts neben der im Fliesenboden eingelassenen Steinplatte, flackerte unsicher das Licht zweier Kerzen.

Leise, gedämpfte Atemzüge drangen an das Ohr des verängstigten Mannes, der sich zwischen den anderen eingezwängt, ja in die Enge getrieben wähnte. Er fühlte es, er spürte es: Etwas würde sich ereignen. Heute Nacht. Der Kreis um ihn wurde enger und enger. Sie hatten etwas vor mit ihm – aber was? Die Knie wurden ihm weich, er spürte, nein, er hörte das Blut in seinen Adern pochen, die Kehle schien sich ihm ganz allmählich zuzuschnüren.

Und dann diese Stille! Diese schreckliche, gnadenlose Stille! Dieser stumme Schrei, der wie ein unhörbares Echo von den Wänden der Kapelle zurückprallte und mit quälender Heftigkeit durch seine gemarterten Gehirnwindungen schoss.

Da! Ein Geräusch! Urplötzlich! Gerade so, als sei die dicke eichene Mittelsäule in diesem Augenblick von einer unsichtbaren Riesenfaust zersplittert worden! Der Mann zuckte schmerzhaft zusammen! Nichts! Er stand im Begriff, die Kontrolle über seine panikbestimmten Gedankengänge zu verlieren! Ganz offensichtlich!

Denn da war nichts gewesen! Höchstens das Knarren eines Holzbalkens – mehr nicht! Und jetzt?! Nichts! Gar nichts! Wieder nur diese unheimliche Ruhe, diese den ganzen Innenraum erstickende Stille.

»Ich bin der Weinstock, ihr seid die Reben!« Eine laute, dröhnende Stimme zerriss in dieser Sekunde die Stille und erfüllte die Kapelle wie ein Donnerschlag. Schemenhaft war nun einer der schwarzen Kapuzenmänner wahrzunehmen, der nach vorne auf die Steinplatte getreten war und mit zum Himmel erhobenen Armen seine nächtliche Predigt begonnen hatte.

Auch in dieser Stimme meinte der verängstigte Mann einen scharfen, drohenden Unterton herauszuhören. Dazu die sich mehr und mehr steigernde Lautstärke! Er wollte weg! Nur weg! Schnell weg! Aber wie? Die Verzweiflung lief wie eine Welle durch seinen Körper. Er begann zu zittern. Sie hatten ihn! Jetzt hatten sie ihn! Die Einladung für die heutige Nacht, sie war eine Falle! Dieses Drängen, dieses Nichtnachgeben, diese für den Fortbestand ihres Standorfer Kreises besonders wichtige Messe. Die Huldigung für den hier, an der ursprünglichen Aufbewahrungsstelle des Heiligen Grabtuches, begrabenen Templer Andre de Jonville! Diese Ankündigung, etwas ganz Großes, ganz Bedeutendes endlich präsentieren zu können! Also doch? Der mit solch sehnsuchtsvoller Gewissheit hier in der Kapelle vermutete Teil des heiligen Grabtuches! Hatten sie es also endlich gefunden? Würden sie es heute Nacht feierlich in den

Besitz des Mysterium Christi überführen? War es endlich so weit?

Nein! Ein kalter Schauder lief über den Rücken des Mannes! Nein! Sie hatten ihn mit der Aussicht auf dieses Wunder in eine Falle gelockt! In eine ausweglose Lage! Er hatte keine Chance mehr! Was aber tun? Davonlaufen? Wie denn? Ganz dicht hatten sich die anderen an ihn herangedrängt! Nicht einmal bis zur Kirchtür würde er es schaffen und dann ...

»Wer in mir bleibt und ich in ihm, der bringt viel Frucht, denn ohne mich könnt ihr nichts tun!«, donnerte die Stimme durch den dunklen Kirchenraum. »Wer nicht in mir bleibt, der wird weggeworfen wie eine Rebe und verdorrt. Und man sammelt sie und wirft sie ins Feuer ...«

Also doch! Ein scharfer kalter Messerstich durchschnitt das Herz des in die Enge getriebenen Opfers. Das war die Ankündigung! Jetzt würden sie ihn ergreifen ...

Doch was war das?! Der grelle Schein einer starken Lampe flammte auf und wanderte rasch über die Gesichter der geblendeten Männer, die schützend die Hände vor die Augen hoben. »Ja, da bin ich doch tatsächlich auf der richtigen Spur gewesen! Das ist ja eine unglaubliche Versammlung hier!«, ertönte eine zornige Stimme hinter der Lichtquelle. Im selben Moment schoss das Licht eines weiteren starken Strahlers in den Altarraum und erleuchtete die Szenerie taghell. »Hier sind sie! Kommt her! Wir haben sie!«

Wie auf ein Stichwort kam nun Leben in die Menge. Von wilder Panik getrieben zogen die Männer ihre schwarzen Kapuzen über den Kopf und drängten mit gnadenloser Macht an den Neuankömmlingen vorbei.

»Vorsicht! Sie wollen fliehen!« Ein lauter Ruf, gefolgt von einem spitzen Schrei, ein Fluch, das Klirren von Glas: Die erste Lampe lag zerschmettert auf dem Boden.

»Passt auf! Sie wollen …« Ein neuerlicher Fluch, wieder klirrte es, auch der zweite Strahler war erfolgreich zerstört worden. Undurchdringliche Dunkelheit hatte wieder von der gerade eben noch grell beleuchteten Kirche Besitz ergriffen.

»Mist! Da ist schon einer an der Tür!« Das angestrengte Keuchen kämpfender Männer, lautstark hervorgestoßene Flüche, Schmerzensschreie, der trübe Lichtkegel von Taschenlampen, all dies verschmolz zu einem wirren Konglomerat, in dem sich Freund von Feind nicht mehr unterscheiden ließ. Der Mann hatte begriffen: Das war seine Chance, seine allerletzte Chance!

Vorsichtig drückte er sich an der Kirchenwand entlang nach vorne zum Eingang. Immer wieder musste er sich ducken, musste dem Knäuel von Kämpfenden ausweichen, musste innehalten … langsam … ganz langsam! Zentimeter für Zentimeter näherte er sich der Stelle, an der er den Eingang vermutete … und richtig: Jetzt verspürte er mit einem Mal einen schwachen Luftzug, der von draußen kommen musste. Fest konzentrieren, alle Kräfte zusammennehmen! Der Mann machte einen Satz nach vorne und hastete, so schnell er nur konnte, durch die geöffnete Tür des Gotteshauses ins Freie. Er fühlte eine Hand, die ihn noch zu ergreifen versuchte, verspürte einen stechenden Schmerz an seinem Arm, als sich die Nägel des Angreifers in sein Fleisch krallten, dann jedoch schaffte er es, sich loszureißen und in wilder Hast über den Friedhof zu jagen.

»Da ist einer! Da rennt einer weg! Halt! du sollst anhalten!«

Der lange schwarze Kapuzenmantel erschwerte das Laufen empfindlich. Dicke Schweißtropfen perlten über seine Stirn. Wie lange würde er dieses durchhalten können? Leichter werden! Leichter werden! Im Weiterrennen entledigte er sich des Kleidungsstücks und ließ es achtlos auf den Boden fallen. Nur weiter... weiter ... weiter ...! Wenig später hatte die tiefe schwarze Dunkelheit den Flüchtenden verschluckt ... Er war gerettet!

Kapitel XXII

»So, da wären wir also alle versammelt!« Fröhlich grinsend wischte sich Michael Protnik den weißen Weizenbierschaum von den Lippen und blinzelte vergnügt in die Gasthausrunde. »Das heißt, fast alle ...«, fügte er mit einem – allerdings nur leicht zerknirschten – Blick auf den freien Stuhl an seiner Seite noch hinzu.

»Mann, Sputnik! Bist du aber leicht zufrieden zu stellen!« Horst wunderte sich über das schlichte Gemüt des Freundes und Kollegen. Eine gutbürgerliche Wirtschaft, ein schönes kühles Hefeweizen und, wenn es sein musste (musste es aber nicht zwingend!), dazu noch ein paar nette Gesprächspartner. Das war alles, was Protnik für seinen Seelenfrieden benötigte. Der konnte sich an einem Weizenbier erfreuen wie ein Kind an einem Weihnachtsgeschenk! Wenigstens in diesem einen Augenblick. Denn der Sputnik besaß die durchaus beneidenswerte Eigenschaft, eben auch von Stunde zu Stunde leben zu können und die kleinen, alltäglichen Katastrophen, die in absehbaren Zeiträumen auf ihn zuzurollen drohten, zugunsten eines gut gezapften Hefeweizens gnadenlos aus dem Gedächtnis verbannen zu können.

»Gestern Abend war das Elend groß mit dir und deiner Uschi – und heute morgen noch bist du herumgeschlichen wie das Leiden Christi! Und jetzt? Jetzt ist urplötzlich wieder alles in Butter!« Horst

187

würde es nie gelingen, die sich blitzartig verändernden Gemütszustände des Brummbärs jemals zu begreifen.

»Na denn, Prost!«, hob der Sputnik achselzuckend sein Glas und genehmigte sich einen weiteren genussvollen Schluck.

»Lass ihn doch, Horst!« Claudia legte ihre Hand sanft auf die seine. »Gönnen wir ihm doch das bisschen Freude. Der hat ja mit seinem Bebele ansonsten Stress genug! Da darf er sich ruhig mal ein bisschen entspannen mit uns. Die nächste Schlacht mit der Uschi, die kommt schließlich so sicher wie das Amen in der Kirche!«

Da hatte sie Recht. So gesehen war Protnik wirklich nicht zu beneiden. Horst war sowieso ziemlich gespannt auf den weiteren Gang der Dinge in Sachen Beziehungskrise. Wer wohl als Erster die Kurve kriegen würde? Und vor allem: Wie?

»Sagt mal, wo bin ich eigentlich jetzt grade?«, plapperte der Sputnik fröhlich weiter.

»Aber Michael!« Claudia setzte eine mitleidsvolle Miene auf. »So alt und geistesverwirrt bist du doch nun auch wieder nicht! Du wirst doch wohl noch wissen, wo wir gerade sind?!« Protnik war halt doch immer wieder für eine Überraschung gut! »Komm, Nina, sag mal dem Onkel Michael, wo er gerade sitzt und sein Weizenbier trinkt.«

»In der Mühle natürlich! Weißt du das denn nicht, Onkel Michael?« Nina sah erstaunt von ihrem Apfelschorleglas auf. Bei Erwachsenen konnte man ja zwar nie wissen, aber andererseits ...

»Macht euch ruhig alle über mich lustig!«, knurrte der Sputnik mit beleidigtem Unterton. »Ihr wisst doch ganz genau, was ich meine! Da soll doch irgendwo die Grenze durchlaufen, durch diese Wirtschaft hier! Also«, er breitete fragend die Arme aus. »Wo sitze ich jetzt? In Bayern oder in Baden-Württemberg?«

»In Franken!«, ließ sich der gewichtige Wirt vernehmen, der in diesem Augenblick mit einem Serviertablett an den Tisch kam. »Sie sitzen hier auf der fränkischen Seite, wenn sie wissen, was ich meine.«

Protnik wusste nicht.

»Na ja, wir gehören zwar politisch zum Bundesland Bayern, sind aber in Wirklichkeit – und im Herzen – Franken. Und weil sie auf der bayrischen Seite der Grenze sitzen, habe ich gesagt, dass sie gerade in Franken sind!«, grinste der Wirt dem Fragesteller freundlich entgegen.

»Soll sich noch einer auskennen! Das ist ja wie im Kaukasus!«, verdrehte Protnik die Augen.

»Der Kollege kommt ursprünglich aus der Sowjetunion!«, griff Horst geistesgegenwärtig in die Debatte ein, als er die kritischen Furchen bemerkte, die sich auf der Stirn des Wirtes breit machten, nachdem der Sputnik sein polemisches Fazit gezogen hatte. Er lächelte entschuldigend. »Ein bisschen was bleibt halt immer hängen ...«

Der Wirt hatte verstanden und lachte herzhaft, während es jetzt an Protnik war, eine gewisse Entrüstung zu zeigen. »Lacht ihr nur alle! Seid froh, dass ihr das Elend da drüben nie habt mitmachen müssen!«, brabbelte er beleidigt in die Runde.

»So – sie müssen entschuldigen, dass es so lange gedauert hat. Aber ich habe erst wieder Nachschub aus dem Keller holen müssen.« Der Wirt stellte eine entkorkte Weinflasche zusammen mit einigen Gläsern auf den Tisch. »Ganz so bekannt ist der Tauberschwarz halt doch noch nicht – schon gar nicht bei den Touristen. Aber das wird noch werden. Woher kannten sie denn eigentlich diese Sorte?«

»Ach, wissen sie«, Horst nickte zu seiner Ehefrau hinüber. »Wir beide kommen aus Heilbronn. Und wenn man da schon in einer richtigen Weingegend wohnt, sozusagen mitten im Herz des württembergischen Weinanbaugebietes, dann nutzt man das natürlich für sich. Wir wenigstens! Also ich glaube schon, dass ich uns beide als echte Weinliebhaber bezeichnen kann – im Gegensatz zum Kollegen hier drüben«, deutete er auf Protnik, der es in der Zwischenzeit vorgezogen hatte, sich intensiv mit dem Inhalt des vor ihm stehenden Weizenbierglases zu beschäftigen. »Der ist dafür unschlagbar, wenn sie einmal eine Wette in der Art machen wollen, ob man ein solches Bier allein schon an seinem Schaum erkennen kann. Ich bin sicher, der würde das hinkriegen!«

»Verstehe«, lächelte der Wirt. »Aber sie, sie haben also schon vom Tauberschwarz gehört. Wird der denn bei ihnen auch schon angebaut, oder vielmehr wieder angebaut?«

»Nein, das nicht. Aber wissen sie: Wir sind eben wie gesagt viel auf der Suche und interessieren uns für junge aufstrebende Weingüter, oder für die Holzfassphilosophie der großen alten Kellereien, bis hin zum Barrique-Ausbau. Oder die neuen Rotweinsorten: Acolon, Regent, um nur zwei zu nennen. Ja, und da haben wir mitbekommen, dass man in Weinsberg, also gleich bei uns um die Ecke, im Staatsweingut den Tauberschwarz sozusagen gerettet hat!«

»Stimmt!« Der Wirt nickte anerkennend. »Wenn man das bedenkt: Die Sorte war bereits so gut wie ausgestorben! Und das, obwohl der Tauberschwarz früher im hier Taubertal eine große Rolle gespielt hat. Also, mein Großvater hat sich noch gut an die Sorte erinnern können. Obwohl«, der Wirt ergriff die Flasche und schenkte den Meyers vorsichtig ein, »der hat gar keinen guten Ruf mehr gehabt in den letzten hundert Jahren. Deshalb war man ja auch drauf und dran, ihn aussterben zu lassen. Da ist viel zu viel Masse angebaut worden, die falschen Stöcke sind weitergezüchtet worden und so weiter und so fort – ein richtiger Teufelskreis eben. Da steht in alten Ortsbeschreibungen sogar der Satz, dass viele Weingärtnerfamilien den dünnen roten Tauberschwarz sogar mit Ochsenblut aufgepäppelt hätten!«

»Ochsenblut? Pfui Teufel!«, schüttelte sich Claudia angeekelt.

»Doch, wirklich! Ochsenblut! Wegen der Farbe und wegen des Geschmacks! Klar!« Der Wirt deutete auf die beiden Gläser, in denen ein sauberer roter Wein funkelte. »So etwas haben die nicht mehr hinbekommen. Die Sorte war am Ende! Und erst fünf vor zwölf, nein eine Minute vor zwölf sind die letzten Schnitthölzer nach Weinsberg gebracht worden, wo man die Sorte langsam wieder aufgepäppelt hat. Immer wieder selektioniert, im Versuchsausbau dann weiterverfolgt: Es hat geklappt! Die Stöcke haben nur mittleren Ertrag, so 70 bis 80 Liter pro Ar, optimale Qualitätsvoraussetzungen also, die Sorte ist frühreif und frostsicher, das ist wichtig hier. Das Resultat ist ein schöner, roter Wein mit ordentlichem Bukett, geradezu ideal für unser Taubertal. Der wird sich durchsetzen, da bin ich ganz sicher! Sehr zum Wohl übrigens!«

»Sie haben uns jetzt aber richtig in Vorfreude versetzt«, strahlte Claudia und griff sich eines der Gläser, das sie prüfend vor sich in die Höhe hielt. »Schöne Farbe, doch, das kann man sagen! Und wenn der Geschmack das hält, was die Farbe verspricht, dann haben wir keine schlechte Wahl getroffen ...«

»Worin ich mir ganz sicher bin!« Gespannt beobachtete der Wirt, wie die beiden Meyers ihr Glas an die Nase hielten und vorsichtig daran schnupperten, um sich danach anerkennend zuzunicken.

»Nicht schlecht, das Aroma! Scheint im Holzfass ausgebaut worden zu sein«, setzte Horst mit Kennermiene dazu.

»Donnerwetter!« Der Wirt verzog respektvoll die Mundwinkel. »Ganz genauso habe ich's gemacht! Rotwein gehört einfach ins Holzfass – mindestens ein Jahr lang! Barrique, na ja, das ist so eine Sache, aber Holzfass auf jeden Fall!«

»Na dann!« Die Meyers setzten die Gläser an den Mund und nahmen zwei vorsichtige Schlucke. »Doch! Ja!« Horst stellte das Glas wieder ab und schnalzte genießerisch mit der Zunge. »Der Wein hat Potential, keine Frage ...«

Während sich die beiden Meyer-Kinder, Nina und Fabian, gelangweilte Blicke zuwarfen – sie kannten ihre Eltern und die endlosen Gespräche mit und über Wein schließlich nur allzu genau – folgte die unvermutete Unterbrechung des Erfahrungsaustausches auf dem Fuß.

Die Tür der Gaststätte wurde geöffnet und zwei neue Besucher betraten den Schankraum.

»Ja, Uschi! Um Gottes willen! Wie siehst du denn aus?!« Erschrocken war Michael Protnik hochgefahren und musterte seine Lebensgefährtin mit fassungslosem Kopfschütteln. »Du siehst ja aus als hätte dich ein Traktor überfahren! Was um alles in der Welt ist denn passiert mit dir?« Er nahm sie in die Arme und führte sie vorsichtig, als sei das schwergewichtige Bebele aus Porzellan, zum Tisch, wo er sie behutsam auf einen der Stühle gleiten ließ.

Auch die anderen staunten nicht schlecht. Protnik hatte gar nicht so Unrecht gehabt mit seinem drastischen Vergleich, der übrigens erstaunlicherweise von Uschi mit keiner Silbe kommentiert wurde. Sie musste tatsächlich ernsthaft krank sein. Ihr Kopf war dick angeschwollen und mit einer ungesunden feuerroten Farbe überzogen. Dicke Schweißtropfen standen auf ihrer Stirn, während sie permanent ein Taschentuch an die Nase hielt und genauso leise wie jammervoll vor sich hinschniefte.

»Kann ich dir irgendwie helfen, Uschi?« Claudia, im Hauptberuf ja immerhin Kinderärztin, beugte sich besorgt über die Jammergestalt. »Das sieht aber wirklich nicht gut aus! Komm, lass mal sehen!« Sie nahm Uschis Kinn in beide Hände und hob sanft deren Kopf in ihre Richtung. Die Kranke gab ein lang gezogenes Stöhnen von sich, während Tränen aus ihren blutunterlaufenen Augen quollen.

Claudia schüttelte den Kopf. »Lass mal die Zunge sehen. Mund auf und ah machen, bitte!«, setzte sie ihre Untersuchung fort. »Aha! Und kalt ist dir sicher auch, stimmt's?« schien die Ärztin zu einer ersten Diagnose gelangt zu sein, während sie beruhigend über Uschis Hinterkopf streichelte.

»Das sieht mir sehr nach einer Allergie aus, und zwar einem ganz schweren Anfall!« Sie wandte sich an den Wirt, der das Geschehen ebenfalls mit Sorge verfolgt hatte. »Haben sie vielleicht einen Waschlappen mit kaltem Wasser? Das wäre jetzt gut!«

Der Wirt nickte eifrig und war schon im Begriff, das Gewünschte herbeizubringen, als er von Claudia noch einmal gebremst wurde. »Und, noch eine Frage. Ist vielleicht irgend jemand in ihrer Familie Allergiker? Wenn ja, dann haben sie doch sicher ein Antihistaminikum im Haus! Das wäre jetzt wirklich hilfreich!«

Wieder bejahte der Wirt: »Doch, das ist so. Meine Frau leidet unter Heuschnupfen. Da muss sie dann während der Gräserblüte im Mai und Juni immer solche Tabletten nehmen. Wir müssten eigentlich noch welche im Arzneischrank haben ...«

»Dann wäre es gut, wenn sie mir die Schachtel rasch bringen könnten, bevor noch ein anaphylaktischer Schock aus der ganzen Sache entsteht.« Der Mann eilte davon, während sich Claudia nachdenklich an die Nase fasste. »Obwohl, ich denke, den Allergie auslösenden Faktor müssen wir anderswo suchen. Ich glaube nicht, dass es an Uschis Kleidern liegen kann. Oder benutzt die Uschi seit neuestem ein anderes Waschmittel?«

Protnik zuckte ratlos mit den Achseln. »Keine Ahnung! Also das darfst du mich nun wirklich nicht fragen ...«

»Selbst ist der Mann!«, gab Claudia dem Macho eine Belehrung mit auf den weiteren Lebensweg. »Also Uschi, sag du bitte mal, hast du in letzter Zeit vielleicht ein anderes Waschmittel verwendet?«

Uschi schniefte jammervoll und schüttelte anschließend langsam und apathisch den Kopf.

»Na gut! Dann dürfte die Sache also nichts mit den Kleidern zu tun haben. Ah, das ist gut. Lassen sie mal sehen!« Der Wirt der Holdermühle war im Laufschritt zurückgeeilt und streckte Claudia eine kleine Tablettenschachtel entgegen.

Die Ärztin nahm die Schachtel und kniff die Augen zusammen. »Ja, Zyrtec! Doch, das ist in Ordnung! Ein Antihistaminikum! Das hilft auf jeden Fall fürs Erste! Also Uschi, komm! Ich gebe dir jetzt zwei Tabletten!« Claudia schaute sich suchend um, während sie die beiden Tabletten aus der Hülle drückte. »Und was zu trinken, gut, das geht ausnahmsweise auch mal!« Sie griff sich das noch halbvolle Glas mit dem Apfelschorle ihrer Tochter und hielt es der leicht zitternden Uschi entgegen. »So, bitte! Jetzt lege ich dir die Tabletten auf die Zunge und dann spülst du sie mit einem tiefen Schluck runter!« Die Kranke nickte schwach und nippte kurz an dem Getränk.

»Mehr!« forderte Claudia sie auf. »Du musst mehr trinken!«

Begleitet von einem neuerlichen tiefen Seufzer gehorchte Uschi.

»Na also!« Claudia nahm das Glas wieder in Empfang und stellte es auf den Tisch. »So, und jetzt nimmst du deine Uschi mal ein bisschen in die Arme und legst sie schön an deine breite Heldenbrust«, wandte sie sich an Protnik. »Und mit dem feuchten Waschlappen, den der Wirt da gerade eben bringt, fährst du ihr vorsichtig über das Gesicht! Wohlgemerkt,

Michael!« Sie nahm den Sputnik streng in ihr Visier. »Vorsichtig!«

»Schon verstanden«, murmelte Protnik, der kummervoll auf seine Lebensgefährtin hinunterblickte. »Und du meinst, das wird schon wieder? Wir müssen nicht vielleicht ins Krankenhaus?«

»Nein, nein! Ich denke, ich habe die Situation unter Kontrolle«, winkte die Ärztin ab. Sie schaute sich suchend in der Gaststube um. »Ah, Herr Gebert, da sind sie«, lächelte sie den Journalisten an, der zusammen mit Uschi das Lokal betreten hatte und sich in den vergangenen Minuten diskret im Hintergrund gehalten hatte. »Jetzt sagen sie mir bloß einmal: Was ist da passiert?«

»Keine Ahnung!« Der Redakteur klatschte ratlos in die Hände. »Ich hatte mich eine halbe Stunde verspätet, wegen der Geschichte in der Kapelle, wissen sie …«

Horst schoss augenblicklich alarmiert in die Höhe: »Wegen welcher Geschichte – in welcher Kapelle?«

»Später!« zischte Claudia genervt. »Jetzt geht es erst einmal um die Uschi! Also, sie sind später gekommen als geplant, um sie abzuholen …«, warf sie Gebert den Gesprächsfaden wieder zu.

»Ja, wie gesagt, so ungefähr eine halbe Stunde. Ich habe mich dann noch mit dem Besitzer des Landhotels unterhalten, ich bin ja sozusagen befreundet mit ihm …«

»Weiter«, drängelte Claudia.

197

»Ja, was soll ich sagen? Die fanden es halt auch irgendwie komisch, dass ihre Bekannte da«, er deutete mit dem Kinn auf Uschi, »dass die nicht zum Frühstück erschienen ist und sich auch den ganzen Morgen nicht hat sehen lassen!«

»Und dann?« Weshalb machte der Kerl denn immer diese langen Pausen?!

»Dann?« Gebert zuckte verlegen mit den Achseln. »Dann bin ich halt zu ihrem Zimmer gegangen und habe geklopft. Keine Antwort! Ich hab noch mal geklopft – wieder keine Antwort ...« Ein scharfer Blick aus Claudias Augen ließ ihn die neuerliche Pause entscheidend verkürzen. »Tja, da bin ich dann eben rein. Die Tür war ja nicht verschlossen. Und da saß dann die Frau Abele auf dem Heu und hat geweint!«

»Wo?!« Claudia hatte nicht richtig verstanden.

»Auf dem Heu halt! Samt Schlafsack! Genau das ist ja das Besondere an diesem Landhotel: Eine Übernachtung im frischen Heu! Wunderbar kann ich ihnen sagen! Dieser Duft!«

»Im Heu!« Claudia rang um ihre Fassung. »Na, jetzt ist mir alles klar!«

»Mir auch!« Protnik deutete sich mit der linken Hand entnervt an den Kopf. »Das hält man ja im Kopf nicht aus!«

»Die Uschi, die hat doch Heuschnupfen, oder?« Claudia war sich ziemlich sicher, dass dies der Fall war.

»Und wie!«, bestätigte Horst. »Das war schon zu meiner Ulmer Kripozeit so. Wenn da im Sommer irgendwo ein schöner Wiesenblumenstrauß auf dem Schreibtisch stand: Das hättest du hören sollen! Die hat einen Niesanfall gekriegt, unsere Uschi, dass die Wände gewackelt haben!«

»Na, jetzt übertreibst du aber!« Protnik funkelte den Kollegen böse an. »So ein Walross ist die Uschi nun auch wieder nicht!«

Horst bewunderte seine enorme Selbstbeherrschung in diesem Augenblick, die es ihm tatsächlich möglich machte, nicht brüllend loszulachen!

»Aber Uschi!« Claudia sah der erschöpft an Protniks Brust lehnenden Sekretärin kopfschüttelnd in die rot unterlaufenen Augen. »Was um alles in der Welt machst du mit deinem Heuschnupfen aber auch in einem Heuhotel?!« Es war manchmal einfach nicht zu fassen!

»Wusste ich doch nicht ...«, gab die matte Person leise von sich. »Als ich da war, da ist es schon zu spät gewesen ... und der Herr Gebert ist auch gleich wieder weggefahren ... und da hab ich gedacht, na ja: Eine Nacht werde ich das schon aushalten! Bis sich die Allergie richtig aufgebaut hat, bin ich schon wieder weg!« Sie schniefte und wischte sich mit einer müden Handbewegung die Nase.

»Das haben wir ja gerade sehen können, wie weg du in Wirklichkeit warst!« Die Ärztin musterte ihre Patientin prüfend. »Aber die Tabletten scheinen schon zu wirken. Du frierst nicht mehr ganz so, oder?«

»Es geht.«, winkte die Gefragte ab.

»Und wann hat es dich denn dann so richtig gepackt?«

Uschi überlegte kurz, bevor sie gequält das Gesicht verzog. »Das war am frühen Morgen. So gegen fünf, halb sechs. Da bin ich aufgewacht, weil mir die Nase getropft hat. Und dann ging es so richtig zur Sache, das kann ich euch aber sagen!« Sie tastete vorsichtig an ihre Stirn: »Sehe ich denn noch arg schlimm aus?«

»Na ja, es geht so!«, brummelte Protnik und strich der Rekonvaleszentin zärtlich über die Haare. »Für mich siehst du schon wieder super aus – und nur das zählt ja schließlich!«

Horst, dem die Sülze nun doch etwas reichlich aufgetragen schien, ergriff die Gelegenheit beim Schopf, um seine vorhin durch die Dramatik der Ereignisse zurückgestellte Frage erneut zu formulieren. »Sie haben da vorhin etwas von irgendwelchen Vorkommnissen bei einer Kapelle erzählt, durch die sie aufgehalten worden sind«, wandte er sich an den Journalisten. »Was haben sie damit gemeint?«

»Tja, das ist auch wieder so eine merkwürdige Geschichte!« Gebert setzte sich zu den anderen an den Tisch und musterte aufmerksam den Inhalt der Gläser samt der danebenstehenden Weinflasche. »Aha, sie haben schon probiert: Ein Tauberschwarz, würde ich vermuten«, fügte er mit Kennermiene noch hinzu. »Also, ich darf doch?« Ohne die Antwort abzuwarten griff er nach der Flasche und schenkte sich in eines der leeren Gläser ein. »So, das habe ich mir heute verdient!« Er

200

setzte das Glas mit dem Rotwein an die Lippen und nahm einen tiefen Schluck. »Ah! Ausgezeichnet!«, lobte er. »Das tut so richtig gut!«

»Jetzt sagen sie schon«, drängelte Horst. »Was war denn da? Und wo war was?«

»Fast schon eine philosophische Fragestellung«, grinste der Zeitungsschreiber spöttisch zurück. Es machte ihm ganz offenkundig Spaß, die Spannung noch ein bisschen zu steigern. »Also, die Sache ist die: Gestern Nacht ist es in der Ulrichskapelle in Standorf schwer abgegangen ...«

»In der Ulrichskapelle! In Standorf!« Der Kommissar glaubte, sich verhört zu haben! Ausgerechnet!

»Ja, in Standorf! Sie kennen die Kapelle also?«

»Ja, wir waren gestern dort!«

»Aber sicher am Nachmittag?«, grinste der Journalist.

»Natürlich! Schon wegen der Kinder!« Horst bemühte sich, eine ordentliche Portion Coolness aufzubringen.

»Und kennen sie auch die Geschichte dieser Kapelle?«

Falls die Sendung »Wer wird Millionär?« jemals einen neuen Quizmaster benötigen sollte – Horst wusste da jemanden ... Er machte weiterhin gute Miene zum bösen Spiel: »Ja, kennen wir. Sie meinen die Geschichte mit dem Turiner Grabtuch?«

»Genau!« bestätigte Gebert. »Das ja mit gleichem Fug und Recht auch das Standorfer Grabtuch genannt

201

werden könnte! Eigentlich unglaublich, nicht wahr? Wenn man darüber so nachdenkt ...«

Hoffentlich hatte dieses Nachdenken ein rasches Ende. Horst nickte schicksalsergeben.

»Dass sich um solch einen mystischen Ort natürlich die abstrusesten Gerüchte ranken und dass sich die absonderlichsten Gestalten dort oben herumtreiben, liegt ja quasi auf der Hand. Das hat ja schon im Mittelalter begonnen mit dem so genannten Standorfer Kreis. Der bestand aus Adligen, der Geistlichkeit, dem Deutschen Ritterorden und so weiter. Also lauter hochgestellte und bedeutende Persönlichkeiten, die auch ganz wichtige kunstgeschichtliche Impulse für die ganze Umgebung ausgesandt haben. Seit dieser Zeit hält sich auch hartnäckig das Gerücht, dass irgendwo um die Ulrichskapelle herum noch ein kleiner Teil des berühmten Grabtuches verborgen ist. Und obwohl es den eigentlichen Standorfer Kreis schon lange nicht mehr gibt – vielleicht haben diese Leute ja damals ihr Geheimnis mit ins Grab genommen – haben sich über die Jahrhunderte hinweg immer wieder Sekten, Wichtigtuer und Abenteurer um die Ulrichskapelle herum gruppiert und versucht – jeder auf seine Weise – aus dem Mysterium dieses Ortes Kapital zu schlagen!«

»So weit sind wir gestern ungefähr informiert worden!« Wenn der Kerl doch nur endlich zur Sache käme!

»Also. Seit einigen Monaten turnen da wieder solche Spinner dort oben herum und zelebrieren regelmäßig um Mitternacht Messen. Das ist den Einwohnern von

Standorf verständlicherweise überhaupt nicht recht, vor allem weil man gar nicht weiß, wes Geistes Kind diese Leute eigentlich sind und was genau sie tun und treiben. Stellen sie sich bloß mal vor, es handelt sich womöglich um Schwarze Messen, und das auf dem Standorfer Friedhof! Also nein! Das muss nun wirklich nicht sein!« Gebert hob den Kopf und suchte reihum Bestätigung.

»Da haben sie Recht«, pflichtete Horst ihm bei. »Der Mann gestern hat uns auch etwas von einem Einbruchsversuch in die Kapelle erzählt!«

»Richtig! Seitdem sind die Standorfer sozusagen in Alarmbereitschaft und haben immer – auch in der Nacht – ein waches Auge auf ihre Kapelle. Und in der vergangenen Nacht, da war es dann so weit!«

Gebert legte eine weitere bedächtige Pause ein, um die Spannung bis ins Unerträgliche zu steigern.

»Und dann?«

»Tja, dann haben sie leider einen Fehler gemacht! Anstatt, dass sie Hilfe im Ort geholt hätten …« Gebert tippte sich an die Stirn. »Also, da haben die drei, die gestern Nacht Wache gehalten haben, plötzlich bemerkt, dass merkwürdige dunkle Gestalten zur Kapelle hochgeschlichen sind. Zu Fuß! Und das mitten in der Nacht! So – und als diese Leute, die alle schwarze Kapuzen aufgehabt haben sollen, in die Kapelle eingedrungen sind und mit ihrer Messe begonnen haben, da hat der Idiot, der vorne an der Eingangstür stand, plötzlich gemeint, er müsse Rambo spielen und hat durchgedreht!«

Wieder tippte sich Gebert an die Stirn und verdrehte dabei die Augen.

»Was hat er denn gemacht?« Horst konnte es sich bereits denken.

»Er hat seine große Handlampe von der Feuerwehr genommen und die voll aufgedreht. Er hat vermutlich gedacht, die Kerle würden dadurch zur Salzsäule erstarren und sich in aller Seelenruhe verhauen lassen – oder womöglich geduldig warten, bis die Polizei aufkreuzt!«

»War aber sicher nicht so«, warf Protnik in die Debatte.

»War mitnichten so! Es ist dann auf einmal losgegangen! Es muss eine wüste Prügelei gegeben haben – und das mitten in der Kapelle. Die Lampen, die haben sie gleich als Erstes kaputtgeschlagen, so dass niemand mehr zu erkennen war. Tja und so hat alles aufeinander eingeschlagen, ohne Rücksicht auf Verluste. Die komischen Sektenbrüder waren aber eindeutig in der Überzahl, zwölf zu drei ungefähr. Sie können sich denken, wie die Sache ausgegangen ist!« Der Redakteur reckte erwartungsvoll das Kinn in die Höhe.

»Bis endlich Hilfe aus dem Ort gekommen ist, da waren die frommen Brüder längst über alle Berge«, tat ihm Protnik den Gefallen und ergänzte den logischen Verlauf der Geschichte.

»Genauso war es«, bestätigte Gebert. »Außer blauen Flecken und einem geschwollenen Auge ist nichts zurück geblieben. Das heißt, halt, doch noch etwas. Ein schwarzer langer Kapuzenmantel. Den hat einer von diesen Brüdern bei seiner Flucht auf der Wiese vor dem Friedhof verloren! Tja – und jetzt steh ich da und weiß nicht, was ich machen soll!«

»Was haben denn sie mit der ganzen Geschichte zu tun?«, wunderte sich Protnik.

»Ich? Was ich damit zu tun habe?« Gebert lachte trocken. »Das ist mein täglich Brot! Schließlich bin ich Journalist und lebe von solchen Schlagzeilen. Nur, was soll ich groß darüber schreiben? Sie haben keine Ahnung, wer das gewesen sein könnte, weil die Hornochsen ja alle haben entkommen lassen! Gut, ich könnte jetzt eine herrliche Glosse über die verhinderten Gespensterjäger von Standorf schreiben ... wenn ich bei einer großen, überregionalen Zeitung wäre!«, fügte er bitter hinzu. »Aber so? Als Mitarbeiter beim örtlichen Käsblättle, da kann ich das von Anfang an vergessen. Wenn ich das so schreibe, dann bekommen wir eine Flut von Abbestellungen und ich, ich kann mich gleich nach einem neuen Job umgucken! Der hier in der Gegend übrigens so gut wie unmöglich zu finden ist!«

»Ja dann schreiben sie halt was Neutrales«, schlug Protnik vor.

»Was Neutrales interessiert keinen Menschen!«, wehrte Gebert ab. »Nein, nein. Entweder sie haben die Story, und zwar die ganze, oder sie können es genauso gut bleiben lassen!«

»Tja, wie heißt es immer so schön? Außer Spesen nichts gewesen!« Grinste Protnik frech über den Tisch, während er seiner allmählich nicht mehr ganz so feuerroten Uschi weiterhin zärtlich über die Haare strich.

Vielleicht hätte Gebert zu einer bitteren Erwiderung angesetzt, wäre nicht in diesem Moment die Tür geöffnet worden und der Weinhändler Siegfried Kohlmüller in der Gastwirtschaft erschienen. »Grüß Gott, die Herrschaften!«, tippte er sich lächelnd an den schwarzen breitkrempigen Hut und zog ihn lächelnd vom Kopf. »Wie ich sehe, lassen sie es sich alle schon richtig gut gehen. Das ist schön so!« Er zog sich einen Stuhl vom Nachbartisch heran und ließ sich ungefragt, ob seine Gegenwart auch wirklich erwünscht war, in der Runde nieder. »Und etwas Feines zu trinken scheint es auch zu geben! Prima! Da bin ich ja nämlich gleich beim Thema: Ich habe gehört, dass der Tauberschwarz in diesem Lokal hier besonders gut ausgebaut sein soll. Und wenn das so ist, dann nehme ich ein Kontingent in meine Weinhandlung mit. Solche Exoten, die laufen für gewöhnlich recht gut. Und ob die zwei oder drei Euro mehr kosten, das interessiert merkwürdigerweise in solch einem Fall keinen Menschen! Aber Entschuldigung, ich wollte sie natürlich nicht stören«, verfiel er plötzlich auf die höfliche Tour. »Wo ist der Wirt denn? Ach da! Mir bitte auch ein Viertele, Tauberschwarz natürlich!«

Trotz des hektischen Eifers, den er wie gewöhnlich um sich herum verbreitete, schien der Weinhändler und Wanderprediger heute nicht seinen besten Tag zu haben. So jedenfalls hatte Horst den Eindruck.

Der Wirt kam mit dem Weinglas und stellte es vorsichtig auf den Tisch. »Sehr zum Wohl, der Herr!«

»Dankeschön! Ja, das kann ich jetzt gut gebrauchen!« Kohlmüller nahm sein Glas auf und prostete den anderen zu. »Wohl bekomm's und, sehr zum Segen!«

Natürlich: Ein, zumindest winziger, frommer Spruch hatte ja noch kommen müssen!

»Ah! Nicht von schlechten Eltern! Muss man neidlos anerkennen!« Kohlmüller schnalzte genießerisch mit der Zunge und drehte sich suchend um. »Muss mal den Wirt fragen, was so ein Fläschle wohl im Großhandelseinkauf kostet! Na, wo ist er denn? Egal, der wird ja gleich wieder auftauchen, spätestens bei der nächsten Runde!« Er führte das Glas erneut zum Mund und ließ den Wein mit einem genießerisch-schlürfenden Geräusch in seine Kehle rinnen.

»Oh, Herr Kohlmüller! Sie scheinen sich ja verletzt zu haben!«, deutete Claudia auf ein großes hautfarbenes Pflaster am Handgelenk des Predigers. Die Wunde war offenbar so tief gewesen, dass das Blut nicht sofort hatte zum Stillstand gebracht werden können. Eine deutliche Rötung hatte sich durch den Pflasterstreifen gedrückt. Claudia beugte sich vor. »Sie können mich die Wunde ruhig einmal anschauen lassen. Ich bin nämlich Ärztin von Beruf!«, bot sie ihre Hilfe an.

Kohlmüllers Arm zuckte wie von einer Tarantel gestochen zurück. Mit der anderen Hand bedeckte er das Heftpflaster. »Nicht nötig! Vielen Dank für das Angebot! Ist aber längst nicht so schlimm wie es den Anschein hat!« Der Prediger lächelte verlegen. Keine Spur mehr von seiner sonst so eitlen Selbstzufriedenheit.

»Na, dann eben nicht! War ja nur ein Angebot«, kommentierte Claudia das merkwürdige Verhalten des anderen verstimmt.

»Ist wirklich nicht so schlimm, vielen Dank! Und wissen sie«, es war ganz offensichtlich, dass Kohlmüller noch rasch nach einer passenden Ausrede suchte. »Ich bin sowieso kein Held, wenn es um Blut geht! Nicht, dass ich ihnen nachher noch vom Hocker kippe ...«

»Nein, bloß nicht! Da haben wir schon einen Fall und der genügt mir voll und ganz«, wehrte Protnik ab und musterte das Bebele mit einem weiteren besorgt-prüfenden Blick.

»Der Onkel da hat aber einen schönen Ring an seinem Finger«, meldete sich nun überraschend Nina zu Wort, die mit dem ausgestreckten Arm auf Kohlmüllers linke Hand deutete.

»Das macht man doch nicht, Nina!«, tadelte ihre Mutter streng. »Mit der Hand auf andere Leute zeigen!«

»Das ist aber wirklich ein schöner Ring!«, beharrte Nina auf ihrer Entdeckung. »Ist der denn auch echt aus Gold?«

»Nina!«, zischte Claudia vorwurfsvoll. »So etwas fragt man nicht!«

»Ist schon gut! Lassen sie nur!«, wehrte der Weinhändler ab, offenbar froh und dankbar über die Tatsache, dass das Gespräch so ganz unvermutet eine andere – ihm genehmere – Wendung nahm.

»Willst du ihn mal in die Hand nehmen?«

Nina nickte begeistert. »Klar!«

»Also, da schau!« Kohlmüller zog den dicken goldenen Ring langsam von seinem linken Mittelfinger. Dann reichte er ihn dem Mädchen hinüber.

»Bah! Toll! Und wie schwer der ist!« Sie wiegte ihn beeindruckt in der flachen Hand. »Und eckig ist der ja auch!«

»Achteckig, um genau zu sein«, bestätigte Kohlmüller. »Und wenn du genau hinguckst, dann kannst du auch jede Menge Werkzeuge auf dem Ring erkennen!«

Nina kniff angestrengt die Augen zusammen. »Richtig! Genau! Da ist eine Peitsche drauf und ein Hammer und eine Leiter ... Was hat das zu bedeuten?«

»Ganz einfach!« Jetzt war der Prediger wieder ganz der Alte und voll in seinem Element. »Das sind die Marterwerkzeuge Jesu. Damit ist Christus ans Kreuz genagelt worden! Und die acht Ecken, hast du eine Idee, was die darstellen sollen?«

Nina schüttelte den Kopf und wartete gespannt auf die Antwort. »Das symbolisiert ein Oktogon, ein Achteck. Und das wiederum ist der Grundriss der Grabeskirche in Jerusalem! Christliche Symbolik also auf kleinstem Raum!« Der religiöse Eiferer strahlte missionsbesessen in die Runde. »Gleich wie mich mein Vater liebt, so liebe ich euch auch. Bleibet in meiner Liebe!

Wenn ihr meine Gebote haltet, so bleibet ihr in meiner Liebe ...«

»Claudia!« Horst erhob sich und deutete auf seine Uhr. »Ich glaube, wir müssen gehen! Es wird höchste Zeit für uns!« Horst verspürte keinerlei Drang in sich, das salbungsvolle Gelaber noch länger anhören zu wollen.

Claudia hatte ihren Mann blitzschnell begriffen und hielt erschrocken die Hand vor den Mund. »Oh Gott! Schon so spät! Du hast Recht! Wir müssen uns beeilen, sonst kommen wir zu spät!«

»Aber ihr habt uns doch versprochen, dass wir hier etwas zu essen ...« protestierte Fabian, wurde am Weitersprechen aber durch die vor seinen Mund gehaltene Hand des Vaters rüde gehindert.

»Schon gut, komm jetzt! Wir haben es eilig!« Er zupfte den Filius am Hemdsärmel. »Los, auf geht's! Jetzt kannst du mal zeigen, wie schnell du in Wirklichkeit bist!«

»Halt, wartet! Ich komme auch mit!« Protnik, den nichts auf der Welt dazu bewegen konnte, sich alleine der Gegenwart des Frömmlers auszusetzen, warf Horst einen dementsprechenden Blick über den Tisch zu. Horst nickte. Der Sputnik machte Anstalten, sich zu erheben, doch das Bebele lastete nach wie vor schwer an seiner Brust. Richtig, das immer noch ziemlich in den Seilen hängende Bebele. Vor lauter Panik und Aufbruchstimmung hätte er jetzt beinahe seine Lebensgefährtin vergessen. Ratlos glotzte er auf sie hinunter. Offiziell hatten sie sich nach dem gestrigen Krach ja noch immer nicht versöhnt. Und wozu das Bebele in körperlich topfitem Zustand in der Lage war, das brauchte ihm niemand auszumalen!

»Ich will auch mit zurück ins Blockhaus«, kam es da schwach über Uschis Lippen. »Nimm mich bitte mit, Michael!«

Der Sputnik strahlte ob dieser frohen Kunde wie ein Honigkuchenpferd. Das Kriegsbeil war also wieder begraben. Hurra! Er drückte seiner Uschi einen dicken Schmatz auf die Wange und umfasste sie mit festem Griff, während er sich langsam und vorsichtig erhob. »Na also! Alles wird gut, Schatzi! Du wirst schon sehen!«

Während sich die Euphorie der Meyers in engen Grenzen hielt, schleppte Protnik seine Uschi vorsichtig hinaus ins Freie. Und die Meyers? Sie waren nun genau dort gelandet, wozu sie freiwillig niemals bereit gewesen wären: In einer Art Wohngemeinschaft mit Protnik und dem Bebele! In einem Blockhaus im Taubertal!

Kapitel XXIII

»Der hat ja grade eben geguckt wie durch den Wolf gedreht, als wir so mir nichts, dir nichts mitten in seiner Predigt aufgestanden und gegangen sind!«, versuchte Horst die leicht depressive Stimmung, die im Wagen der Meyers herrschte, wenigstens etwas in eine andere, heiterere Richtung zu boxen.

»Geschieht ihm recht, dieser unsäglichen Nervensäge!« Claudia stieß zischend die Luft aus. »Aber die Uschi, die haben wir jetzt trotzdem auf dem Hals ...«

»Und ich habe Hunger wie ein Wolf!«, jammerte Fabian. »Wo du uns doch fest versprochen hast, dass wir in diese Mühle dort zum Essen gehen!« sandte er einen weiteren vorwurfsvollen Blick in den Nacken seines am Steuer sitzenden Vaters.

»Schon gut, schon gut. Ich weiß da noch ein Superlokal! Das wird euch sicher gefallen!«, kramte Horst panisch in seinen kulinarischen Erinnerungen.

»Und was ist das für eine Pommesbude?«, maulte Fabian munter weiter.

»Nun halt aber mal die Luft an! Die ›Gwerzinsel‹ ist alles andere als eine Pommesbude!« So langsam war nun aber auch für Horst diskussionsmäßig das Ende der Fahnenstange erreicht!

»Wie heißt das Ding?« Der Junior gab sich durchaus noch nicht geschlagen! Allerhand!

»Das ist kein Ding, das ist eine Gaststätte! Und diese Gaststätte heißt Gwerzinsel! Kapiert?«

Die Kids verneinten.

»Das ist fränkisch. Und fränkisch ist ja bekanntlich die Mundart, die hier im Taubertal gesprochen wird. Die Franken sagen Gwerz anstelle von Gewürz, deshalb statt Gewürzinsel eben Gwerzinsel! So einfach ist das!«, beendete Horst seinen volkskundlichen Vortrag elegant.

»Wahnsinnig originell!«, brummelte der Sohn.

»Aber zu Insel sagen sie Insel, die Franken«, meldete sich nun auch Nina noch zu Wort.

Horst verdrehte die Augen, während Claudia ihn amüsiert in die Seite stupste. »Also gut, das probieren wir aus! Ist dieses Lokal eigentlich leicht zu finden?«, erkundigte sie sich, bestens um die eher bescheidenen Orientierungskünste des Gatten wissend.

»Das ist kinderleicht zu finden!«, gab sich Horst mehr als zuversichtlich. »Das liegt direkt am Taubertal-Radweg, neben der Straße, überhaupt nicht zu verfehlen. Ich denke, dir ist es auch schon einmal aufgefallen ...«

»Wieso sollte mir dieses Lokal denn schon einmal aufgefallen sein?«, wunderte sich Claudia.

»Na ja, es ist ein Blockhaus, wirklich sehr gut gemacht ...«

»Blockhaus!« stöhnte Claudia. »Allein schon der Begriff bringt mich zur Verzweiflung! Allmählich sehe ich mich umzingelt von Blockhäusern! Wenn ich nur wüsste, wie ich diesen Abend überstehen soll mit unseren zwei Wuchtbrummen!«

»Da ist es schon, seht mal!«, deutete Horst nach rechts vorne. »Gleich gibt's was Schönes zu essen!«

»Die haben sicher Ruhetag!« Der Junior konnte anscheinend um nichts in der Welt klein beigeben!

»Haben sie nicht!«, setzte Horst zum finalen Befreiungsschlag an. »Das weiß ich zufällig ganz genau. Die haben nämlich nie Ruhetag in der ›Gwerzinsel‹. So steht es sogar im Prospekt!« Triumphierend lächelte er seinen vernichtend geschlagenen Sohnes an.

»Papier ist geduldig!« Donnerwetter! Selbst einen bereits am Boden liegenden Gegner sollte man nicht leichtfertig unterschätzen.

»Zu! Geschlossen!« Mit vorwurfsvoller Miene wandte sich Tochter Nina um. »Die haben zu!«

»Also doch Ruhetag!«, höhnte Fabian. »Wie ich es prophezeit habe!«

»Die haben keinen Ruhetag! Komm, Nina, du hast nur mal wieder die Tür falsch herum aufmachen wollen! So macht man das!« Energisch packte Horst den Türgriff und zog. Nichts bewegte sich! Die andere Richtung! Er drückte, drückte aus Leibeskräften. Doch die Tür gab um keinen Millimeter nach!

»Das gibt's doch nicht!« Horst schüttelte genervt den Kopf. »Und da steht ja auch nirgendwo etwas!«

»Die haben heute ausnahmsweise geschlossen!«, meldete sich da von gegenüber eine freundliche Stimme. »Der Chef hat einen runden Geburtstag, wissen sie! Deshalb haben sie heute ausnahmsweise zugemacht!«

»Aber das ist ja, das gibt's doch nicht!« Horst fehlten kurzzeitig die Worte. »Ja und was jetzt?!«, blaffte er vorwurfsvoll zu der netten älteren Frau hinüber, die nun wirklich nichts für das festverschlossene Lokal konnte.

Die Dame ließ sich glücklicherweise nicht beeindrucken. »Ja, da gehen sie dann am besten nach Creglingen rein!« Sie schaute auf ihre Armbanduhr. »Wissen sie, um diese Uhrzeit, da ist das so eine Sache. Also, da würde ich ihnen den »Schloßbäck« empfehlen, die haben ja auch Kaffee und Kuchen, die müssten also auch über den Nachmittag auf haben und ihnen zumindest eine Kleinigkeit zubereiten können! Am besten, sie lassen ihr Auto gleich hier stehen und gehen zu Fuß in die Innenstadt. Das dauert keine fünf Minuten und dann brauchen sie wenigstens keinen Parkplatz zu suchen!«

Die Meyers bedankten sich artig und versuchten nunmehr als Fußgänger ihr Glück von neuem.

Kapitel XXIV

»Na also, jetzt sind alle satt und glücklich, oder?« Zufrieden legte Horst sein Besteck auf den Teller und bedachte seine Kinder mit gönnerhaftem Blick. »Und zur Belohnung für die lange und geduldige Gaststättensuche jetzt zum Nachtisch noch ein Eis? Wie wäre das?«

»Au, fein!« jubelte Nina freudig und auch Bruder Fabian schien sich mit dem Gedanken an eine süße Nachspeise anfreunden zu können. »Ja, dann geht am besten mal zur Bedienung dort hinüber und fragt sie, was es denn so alles gibt bei ihnen. Wenn ich das vorhin richtig gelesen habe, dann machen die ihr Eis sogar selber!«

Voller Vorfreude machten sich die Kinder auf den Weg, während Horst ihnen amüsiert hinterherlächelte. »Mit Speck fängt man Mäuse, so einfach ist das! Ein voller Magen und zum Abschluss ein schönes Eis, und schon verwandeln sich bitterböse Drachen wieder in liebreizende Sprösslinge!«

Claudia nickte. »Na also! Auch du scheinst es allmählich begriffen zu haben, wie man seine Kinder dann und wann ganz einfach um den Finger wickeln muss – und kann!«

»Als wenn ich das nicht schon lange wüsste«, gab Horst zurück. »Aber egal. Ich wollte dich noch etwas fragen, das mir beim Essen die ganze Zeit über durch den Kopf gegangen ist ...«

»Schieß los!«

»Die Geschichte mit diesem Kohlmüller da!«

Schon bei der bloßen Erwähnung des Frömmlers zuckte Claudia genervt. »Oh Gott!«

»Allerdings! Und zwar im wahrsten Sinn des Wortes! Aber nein, schau mal«, Horst deutete auf sein Handgelenk, »dieses Pflaster da. Ausgerechnet seit heute. Gestern habe ich noch keines bei ihm gesehen ...«

»Na und? Seit wann kümmerst du dich um die Wunden irgendwelcher durchgeknallter Prediger?«

»Seit ich das mit dem Tumult in der Kapelle gehört habe! Da brauchst du doch bloß eins und eins zusammenzuzählen: Ich könnte schwören, dass der Kerl da gestern Nacht mit dabeigewesen ist! Und die Wunde, die hat er sich dort auch zugezogen!«

»Gut möglich«, Claudia nickte nachdenklich. »Aber beweisen wirst du es ihm nicht können ...«

»Das nicht, nein! Aber der Kerl wird mir allmählich immer suspekter. Und dann dieser Ring, dieses Achteck. Da lässt der auch noch das Stichwort Grabeskirche fallen, das ist ja der eindeutige Hinweis auf Standorf! Also irgendwie kommt mir dieser Mensch äußerst merkwürdig vor. Wer weiß, welche Spielchen der unter dem Deckmäntelchen des frommen Weinhändlers treibt ...«

»Auf jeden Fall werden wir bei dem nie einen Wein kaufen«, schmunzelte Claudia. »Versprochen?« Sie legte ihre rechte Hand auf die Tischplatte.

Horst schlug herzhaft ein. »Versprochen! Aber eine Zeitung, die kaufe ich mir jetzt noch! Und eine Flasche

Wein, dann machen wir es uns heute Abend gemütlich. Der Protnik soll sein Weizenbier trinken und die Uschi pflegen, und wir, wir lesen in aller Gemütsruhe die Zeitung! Einverstanden?«

»Einverstanden!« lachte Claudia und drückte vergnügt die Hand ihres Ehemanns. »Du Horst, eins noch ...« Sie unterbrach sich und nickte dem Kommissar unternehmungslustig ins Gesicht.

»Ja, meine Schöne? Was gibt's denn noch?«

Claudia, die solche Formulierungen um nichts auf der Welt ausstehen konnte – wie Horst doch ganz genau wusste – machte ausnahmsweise gute Miene zum provokativen Spiel. »Einen kleinen Wunsch solltest du mir aber noch erfüllen ...«, legte sie die Lunte, die der Ahnungslose im Moment überhaupt nicht bemerkte.

»Alles, was du willst!«, strahlte der Angeber mit gönnerhaftem Lächeln.

»Alles?«

»Alles!«

Dieses Balzgetue! Wo hatte er denn das wieder abgeguckt? Egal! »Also dann«, nickte Claudia, um ihren Worten dadurch noch einen gewissen Nachdruck zu verleihen. »Die Kinder sind jetzt in ihren Ferien bisher wieder mal fast völlig zu kurz gekommen. Dagegen möchte ich etwas tun! Schließlich sind ja wie gesagt Ferien! Und du«, sie blinzelte schelmisch über den Tisch. »Du warst ja einverstanden!«

Horst ahnte Böses. Zu spät!

»Dann gehen wir jetzt eben alle zusammen ins Kino!«

Ins Kino! Die Höchststrafe! Horst zuckte schmerzlich zusammen. Wo doch Claudia ganz genau wusste, dass er alles andere als ein Freund von Kinobesuchen war. Bei seiner Größe (immerhin stattliche 1,95 Meter) kam das einer mittelalterlichen Folterprozedur gleich: Eingezwängt in die viel zu engen Kinoreihen (eine Steigerung war nur noch bei Charterflügen in der Touristenklasse möglich), irgendwelche obligatorischen Dauerhuster neben sich und dahinter? Dahinter wie immer das verzweifelte Stöhnen: »Da, guck mal! Auch das noch! Jetzt setzt sich der lange Lulatsch ausgerechnet direkt vor mich!« Kino? Nein danke! Seit es die großen luxuriösen Filmpaläste mit ihren großzügigen Sesseln gab, hatte sich die Meyersche Kinoabneigung zwar einigermaßen entspannt, aber in Creglingen?!

»Gibt's hier überhaupt ein Kino?«, erkundigte er sich bei Claudia, während insgeheim tief in ihm ein Funke der Hoffnung aufflackerte ...

»Nein, in Creglingen gibt's keines!«

»Ach so, das ist aber schade!« Wo hatte er diese heuchlerische Tour nur gelernt? Egal! Die Freude ob der glücklich überstandenen Heimsuchung siegte über die kritischen Untertöne in seiner Seele. »Das hätten sich die beiden echt verdient!«, schob er zu allem Überfluss noch hinterdrein.

»Aber in Rothenburg gibt's eines! Ich habe mich schon erkundigt!«, zog Claudia mit unschuldigem Pokerface ihren letzten (entscheidenden) Trumpf aus dem Ärmel. »Und es läuft sogar heute Nachmittag ein Kinderfilm – wenn wir uns sputen!«, drängelte sie zum Aufbruch.

Ein Kinderfilm! Auch das noch! »Möchtest du denn da nicht lieber … «Er verschluckte den zweiten Teil seiner Frage aus diplomatischen Gründen noch in letzter Sekunde, als er blitzartig wahrnahm, welches Unheil sich im Fall des Falles dann über ihm entladen würde. »Ist schon gut, also dann: Auf nach Rothenburg! Ich hätte mir dort zwar was Besseres vorstellen können, aber was tut man nicht alles für eine intakte Familie!«, murmelte er – vorsichtshalber so gut wie unhörbar – in leiser Resignation in Richtung Boden.

»Hallo, Kinder! Wir haben eine Überraschung für euch!«, sprudelte es fröhlich aus Claudias Mund, als sich Nina und Fabian, bewaffnet mit zwei großen Eistüten, dem Tisch der Eltern näherten.

»Was denn?« Nina schleckte genussvoll an ihrem Eis. »Mmh, schmeckt das gut! Banane! Was machen wir denn?«

»Der Papa verrät es euch!«, grinste Claudia zu ihrem Ehemann hinüber.

Da half nur noch: Augen zu und durch! »Wir gehen ins Kino!«, versuchte Horst, seine Erklärung mit einem nach Euphorie klingenden Unterton zu versehen. »Nach Rothenburg! Ins Kino!« Unglaublich …

»Toll!«, nickte Fabian freudestrahlend.

»Prima!«, jubelte auch Nina, die ihrem Vater im Überschwang der kindlichen Freude einen fröhlichen Kuss auf die Wange drückte. »Au, jetzt hab ich dich auch noch mit dem Bananeneis am T-Shirt gestreift! Entschuldigung!«

»Macht nichts!«, winkte Horst, ganz entgegen seiner sonstigen Gepflogenheiten, müde ab.

Das spielte jetzt auch keine Rolle mehr ...

Kapitel XXV

»Ach, ist das schön!« Horst brummte zufrieden und stellte das Weinglas zurück auf den Tisch. »Endlich mal ein gemütlicher Abend – nur für uns zwei! Die Kinder im Bett, Freund Protnik bei seinem Bebele, kein Dauerregen im durchnässten Zwei-Mann-Zelt, ein guter Wein im Glas, eine Zeitung in der Hand und der Schatz an der Seite. »Das haben wir uns aber auch redlich verdient!«, drückte er Claudia zärtlich an sich.

»Und ob!«, pflichtete die ihrem Mann bei. »In der letzten Zeit habe ich mich nämlich wirklich schon gefragt, ob wir tatsächlich Urlaub haben oder ob du unter einem Vorwand in Wirklichkeit verdeckte Ermittlungen anstellst, mit uns als Legende sozusagen!«

»Also wirklich!« Er knuffte sie in gespielter Empörung mit dem Ellbogen. »Auf Sachen kommst du manchmal ... Also wirklich! Ganz so närrisch bin ich dann auch wieder nicht! Ich weiß schon noch, dass es auch ein Leben jenseits des Jobs gibt ... Das ist mir völlig klar! Sonst bräuchte ich ja auch keine Familie, oder?«

»Schon gut!«, wiegelte Claudia lächelnd ab. »War ja auch gar nicht so ganz ernst gemeint. Bis auf die Tatsache halt, dass du wirklich weder Freund noch Feind kennst, wenn du meinst, auf der richtigen Spur zu sein ...«, schob sie dann aber doch noch einen klitzekleinen Stachel hinterher.

Horst zuckte die Schultern. »Tja, so bin ich eben! Entweder richtig oder gar nicht! Wenn ich die ganzen Bürohengste bei uns immer sehen, wie sie da tagein, tagaus an ihren Schreibtischen sitzen und die Akten von der einen Seite auf die andere packen – und ansonsten im Flur herumstehen und den neuesten Bürotratsch von oben bis unten durchkauen, also nein: Das muss ich wirklich nicht haben!« Er schüttelte sich. »So ein Typ bin ich einfach nicht! Wenn geschafft werden muss, dann wird geschafft, aber richtig! Und wenn Urlaub ist, dann ist Urlaub!« Noch während er sprach, zog er die überraschte Claudia eng an sich heran und drückte ihr einen dicken Kuss auf die Stirn.

»Lass mich los!«, kicherte die amüsiert. »Du erstickst mich ja vor lauter Liebe noch!«

»Oh, das wäre aber schade! Na gut, dann lasse ich halt Gnade vor Recht ergehen«, grinste Horst zurück und lockerte seinen Griff.

»Dann kommen wir jetzt aber endgültig zum gemütlichen Teil!« Claudia setzte sich auf und griff zur Zeitung, die vor ihnen auf dem Couchtisch lag. »Welcher Teil darf's denn sein, der Herr?« Sie hielt in jeder Hand einen Teil der Zeitung vor Horsts Augen. »Der Sportteil wahrscheinlich, gell?«

»Nicht unbedingt«, verneinte der. »So eine Sportbacke bin ich nun auch wieder nicht. International ist sowieso grade nicht viel geboten und der Lokalfußball, na ja ... Ich weiß nicht so recht, ob ich mich für die bedeutsame Frage interessieren muss, wie das Spiel

Großbärenweiler gegen Schmalfelden ausgegangen ist – falls die dort überhaupt Fußballmannschaften haben ...«

»Also, was jetzt? Den?« Claudia hob den einen Zeitungsteil in die Höhe. »Oder den?«

»Egal! Gib mir halt irgendeinen Teil!« Horst beugte sich nach vorn und griff zu. Zufällig (natürlich rein zufällig sogar!) handelte es sich um die Hälfte, in der auch die Sportberichterstattung abgedruckt war.

Claudia zog es vor, die eindeutige Tatsache nicht weiter zu kommentieren, sondern setzte sich lächelnd neben ihren Mann auf das Zweiersofa.

Eine Zeit lang herrschte Stille in dem gemütlich-rustikal eingerichteten Wohnraum des Blockhauses. Ab und an raschelten die Zeitungsseiten, ein Holzbalken knarzte und eine Mücke surrte um die Leselampe herum. Horst seufzte zufrieden und schloss die Augen, während die aufgeschlagene Tageszeitung allmählich in sich zusammenfiel. Nur noch Ruhe, Stille, Entspannung, Urlaub pur ...

Es wäre so schön gewesen ... »Du, Claudia! Entschuldigung!«, dröhnte ausgerechnet in diesem friedlichen Moment eine viel zu laute Bassstimme durch den Raum. Protnik! »Meinst du, du könntest vielleicht noch mal ein Auge auf die Uschi werfen? So kurz vor dem Einschlafen?« Der Sputnik zwinkerte unsicher. Offenbar hatte sich selbst in dem von einer dicken Hornschicht überwucherten Sensibilitätszentrum in Protniks Oberstübchen die Erkenntnis Bahn gebrochen, dass er gera-

224

de eben etwas allzu tollpatschig in die friedliche Stille hineingestolpert war. »Ich meine, ich dachte ...«, suchte er mühsam nach Worten. »Ich meine, nicht dass ich dich nachher noch mal stören muss!« Er rieb verlegen die Hände.

»Stören!« schnaubte Horst und rappelte sich in seinem Sofa wieder hoch. »Du und stören! Wie soll denn das gehen?«

»Lass ihn Horst«, legte Claudia lächelnd die Hand auf Horsts Unterarm. »Ist ja gleich vorbei! Also Michael, dann schauen wir mal!«

Sie erhob sich und folgte Protnik in dessen Zimmer. »Hast du denn etwas bemerkt in den letzten beiden Stunden? Geht's der Uschi schlechter?«

»Nein, zum Glück nicht, eher im Gegenteil! Der Schnupfen hat jetzt völlig aufgehört, nur müde ist sie halt ein bisschen!«

»Na, kein Wunder! Solche Antihistaminika machen richtig müde – auch wenn auf der Packung immer wieder steht, es sei nicht so. Und immerhin hat sie ja jetzt schon fünf von den Tabletten genommen, da müsste sie bald wirklich schlafen wie ein Murmeltier!«

»Eher wohl wie zwei Murmeltiere!«, warf Protnik mit verlegenem Grinsen ein, während er die Klinke der Zimmertür herunterdrückte.

»Wieso das denn?« Claudia ahnte da schon etwas ...

»Hm, sie hat halt gesagt, dass sie schnell wieder gesund werden wolle«, der Sputnik schaute betreten auf einen nicht vorhandenen Kratzer im Fliesenboden.

225

»Ja – und?«, drängelte Claudia. »Jetzt sag halt schon!«

Protnik hob hilflos die Schultern. »Du weißt ja, wie sie sein kann ... Ich habe sie noch davor gewarnt, aber sie wollte nicht auf mich hören. Also, sie hat dann noch zwei Tabletten eingeworfen ...«

»Noch zwei!« Claudia konnte es nicht fassen. »Dann sind es ja schon sieben! Du meine Güte!« Sie blickte konzentriert auf ihre Armbanduhr. »Jetzt sind neun Stunden vergangen, seit wir damit begonnen haben, na ja, müsste gehen ... Aber trotzdem: Nicht dass die mir jetzt auch noch eine Tablettenvergiftung bekommt! Sorge dafür, dass sie viel trinkt in den nächsten Stunden, sonst geht das womöglich auch noch auf die Nieren! So ein Leichtsinn! Erwachsene Menschen! Von wegen! Du gibst mir jetzt aber auf jeden Fall die Tablettenschachtel, die verwahre ich heute Nacht bei mir, nicht dass ihr beide noch mehr Blödsinn anrichtet! So – und jetzt lass mich unsere Eigentherapeutin mal genauer unter die Lupe nehmen!« Damit folgte die Ärztin Protnik in dessen Zimmer.

»Unglaublich!« Horst schüttelte in einer Mischung aus Staunen und Belustigung den Kopf. »Sachen gibt's, die gibt's gar nicht!« Er nahm die Zeitung wieder auf, die ihm vorhin auf die Knie gerutscht war und faltete sie auseinander. »So viel steht da auch nicht drin«, murmelte er den obligatorischen Spruch, den jeder Leser einer bundesdeutschen Tageszeitung im statistischen

Durchschnitt mindestens einmal jährlich von sich zu geben pflegt.

Er sollte sich irren!

Kapitel XXVI

»Ja, alles klar! Aber noch mal: Denk bitte dran, dass sie ordentlich Mineralwasser trinkt heute Nacht, o.k.?« Claudia schloss die Tür des Zimmers, das sich Protnik und das Bebele teilten und näherte sich beschwingten Schrittes dem Sofa, auf dem Horst gerade eben die Zeitung zusammengefaltet hatte. »Also, alles paletti mit unserer Patientin! Jetzt brauche ich aber erst einmal einen Schluck Wein!« Die Ärztin griff zum Glas und schnalzte genießerisch mit der Zunge. »Ein wunderbares Tröpfchen! Wirklich! Was ist denn das eigentlich für eine Sorte? Ich hab vorhin ganz vergessen, dich danach zu fragen. Also, Lemberger ist's eher keiner, oder?«

Vergeblich wartete sie auf eine Antwort ihres Ehemannes. Nanu, was sollte das denn bedeuten? »Hallo, du«, stupste sie Horst leicht an der Schulter. »Ich habe dich grade etwas gefragt! Bekomme ich denn keine Antwort mehr?«

»Wie? Was hast du gesagt?« Verwirrt drehte der Kommissar den Kopf in Claudias Richtung. »Ich hab grade nicht zugehört, fürchte ich!«

»Das fürchte ich allerdings auch! Was ist denn los, dass du so merkwürdig schaust?« Irgendetwas stimmte plötzlich nicht mehr. Sie konnte es förmlich mit den Händen greifen ...

Nach einer langen Pause, in der Horst mehrfach tief Atem holte, um anschließend die Luft langsam aus seinem Mund wieder ausströmen zu lassen, deutete er auf die Zeitung, die einmal zusammengefaltet vor ihm auf dem Tisch lag. »Da!«

Claudia verstand nicht, was das bedeuten sollte. »Was da? Was ist da!«

»Lies selber! Da steht's!«

»Was soll denn da stehen? Das sind doch alles nur Todesanzeigen!« Weshalb sollte sie sich denn jetzt um alles in der Welt auch noch die Todesanzeigen zu Gemüte führen?!

»Eben drum!« Horst griff nach der Zeitungsseite und tippte mit dem Zeigefinger auf eine große schwarzumrandete Anzeige, die ein gutes Drittel der gesamten Seite einnahm. »Da! Schau mal da!«

Claudia kniff die Augen zusammen und musterte den Text der Anzeige kritisch. Verständnislos schüttelte sie den Kopf. »Ich versteh immer noch nicht, worauf du eigentlich hinauswillst! Da ist ein Herr Kritter gestorben, gut. Das heißt natürlich nicht gut. Und relativ jung ist er auch noch gewesen, warte mal!« Sie rechnete kurz zusammen: »Im April 1952 geboren und jetzt im August 2001 gestorben, da ist er grade mal 49 Jahre alt geworden. Und Kinder hat er offenbar auch gehabt, wenn ich den Text da richtig deute. Tja, tragisch, da gebe ich dir Recht! Aber dass dich das dermaßen mitnimmt! Hast du den Mann denn gekannt? Also mir sagt der Name gar nichts!«

Wieder verstrich einige Zeit, bevor Horst antwortete. »Und ob ich den gekannt habe! Persönlich zwar nicht so gut, aber das war schon eine Größe bei uns in der Region!« Er holte tief Luft und deutete dann auf die zweite große Todesanzeige auf dieser Zeitungsseite. »Da schau, das war seine Firma! Mega-Data! Ein top Software-Unternehmen, vor grade mal zehn Jahren gegründet und mittlerweile gut und gerne 150 Beschäftigte. Bei denen ist es in der letzten Zeit steil bergauf gegangen! Und der Chef und Firmengründer, das war eben jener Franz Kritter, der vor drei Tagen gestorben ist!«

»Tragisch!«, nickte Claudia und nahm sich noch einmal die Anzeige vor. »Direkt krank scheint er ja nicht gewesen zu sein. In der Anzeige steht etwas von plötzlich und unerwartet! Das passt aber überhaupt nicht zu diesem Bibelspruch da oben: *»Eure Augen haben die großen Werke des Herrn gesehen, die er getan hat!«* Klingt irgendwie merkwürdig. Findest du nicht auch?«, wandte sie sich wieder an ihren Ehemann.

»Nein, nein! Das passt schon ganz genau!«, verneinte Horst und schickte, als er das Staunen in Claudias Augen bemerkte, die Erklärung hinterher. »Das war nämlich auch einer von diesen Frömmlern, weißt du! Man hat im ganzen Umland sowieso gestaunt, wie schnell der Laden groß geworden ist. Da war immer mal wieder die Rede von geheimen Geldern, von irgendwelchen Geldwaschanlagen und von einer Sekte, die ihre Finger mit im Spiel hat. Scientologymäßig, verstehst du?«

»Ja, schon! Aber andererseits, habt ihr denn jemals etwas herausgefunden? Das hätte doch eingeschlagen wie eine Bombe, oder?«

Horst schüttelte den Kopf. »Niemals! Ich war ja eh nur indirekt dabei. Da ging's, wenn überhaupt, um Wirtschaftskriminalität. Gut, das hat mich schon immer interessiert, weil sich die Ding schließlich auch oft genug in Richtung Mord und Totschlag hin entwickeln. Aber nein, ich weiß nur, dass die Kollegen ein Auge drauf hatten und dass sich auch die Schwerpunkt-Staatsanwaltschaft für diese Gerüchte interessiert hat. Bis dann das LKA ermittelt hat – und dann war ratz-fatz wieder mal alles aus!« Man konnte den bitteren Unterton nicht überhören, der in den Worten des Kommissars mitschwang.

»Du meinst, da ist mal wieder etwas absichtlich in Grund und Boden recherchiert worden? Von deinem ganz speziellen Freund beim LKA?« Claudia vermied es, Unterhauser beim Namen zu nennen. Aus langjähriger leidvoller Erfahrung wusste sie um die Tatsache, dass der Kerl für Horst das berühmte rote Tuch symbolisierte – und wie!

»Natürlich! Der Name ist irgendwann auch mal gefallen, das weiß ich noch! Damals habe ich mir wieder gedacht: typisch! Wo irgendwo im Land eine Sauerei aufgeklärt werden könnte, die in Richtung Cliquenwirtschaft und Spätzle-Connections läuft, da hat auch immer unser Freund und Helfer die Finger im schmutzigen Spiel. Schließlich muss man sich seine Karriere ja auch redlich verdienen und dann und wann hilfreich einspringen! Wozu ist man denn schließlich in einem jahrelangen, mühevollen Prozess an die entscheidenden Schalthebel bugsiert worden?«

»Du meinst also, da könnte wirklich etwas gewesen sein?«

»Weiß ich nicht!«, wiegte Horst nachdenklich den Kopf. »Ich weiß nur, dass man später behauptet hat, in Wirklichkeit habe die böse Konkurrenz solch üble Gerüchte gestreut. Also, das muss ich fairerweise schon noch sagen: Auch nach zwei Betriebsprüfungen – und zwar richtig intensiven, das kannst du mir glauben – haben sie der Firma nicht das Geringste nachweisen können. Die letzte Prüfung war übrigens erst in diesem Frühjahr. Ich weiß noch, wie die Kollegen dann jedes Mal zurückgekommen sind, wenn sie ein Gespräch mit diesem Kritter hatten! Der hat sie zugeschüttet mit frommen Sprüchen und salbungsvollen Formulierungen. Und dann hat er ihnen auch immer noch jede Menge christlicher Traktätchen mitgegeben. Die haben sie zwar alle gleich in den Papierkorb geworfen, aber sie hatten keine Chance: Er hat sie ihnen sozusagen in die Taschen gestopft!«

»Beamtenbestechung!«, lächelte Claudia.

»Ja, das haben die Kollegen natürlich auch vorgegeben, doch das hat den überhaupt nicht gekümmert! Der hat nur immer mit einem frommen Augenaufschlag gemeint, ein christliches Traktat sei Lebenshilfe und keine Bestechung!« Horst schlug in einer Geste der

Verzweiflung die Hände zusammen. »Tja, was willst du in einem solchen Fall noch sagen! In der Direktion haben sie ihn dann den »Heiligen Franz von Hawaii« getauft!«

»Hawaii? Wieso denn Hawaii?«

»Weil der Kritter seinen ersten Firmensitz im »Hawaii« gehabt hat, in diesem Industriegebiet da, du weißt doch ...«

»Ach ja. Alles klar!«, nickte Claudia, die sich bei diesem Stichwort wieder gerne an die Atmosphäre in dem von ihr so sehr geschätzten Kaffeehaus Hagen erinnerte, das sich ja in derselben Gegend befand.

»So! Wenn ich jetzt eins und eins zusammenzähle: Eine kometenhaft aufsteigende Firma, ein Sektenmitglied irgendeiner christlichen Vereinigung, dann der Selbstmord letztes Jahr von diesem Fiat-Händler, der auch gerade erst einen wahnsinnigen Prunkbau hingeklotzt hatte. Von dem übrigens wissen wir ja ganz genau, dass der bei diesem »Mysterium Christi« eine Rolle gespielt hat!«

»Ach so! Jetzt ist mir klar, worauf du hinauswillst!« Claudia erkannte nun die Zusammenhänge. »Du meinst, dieser Kritter, der war auch Mitglied bei ›Mysterium Christi‹! Das wäre ein Megahammer!«

»Allerdings!«, bestätigte Horst, der sich die Konsequenzen durch den Kopf gehen ließ. »Wenn das so wäre, dann geht bei denen grade ganz schön der Punk ab ...«

»... und mittendrin zu allem Überfluss auch noch unser furchtbarer Weinhändler!«

»... dem sie in Standorf letzte Nacht kräftig eins auf die Mütze gegeben haben! Ganz genau! Also, da ist grade die Hölle los! Endzeitstimmung sozusagen! Apokalypse now, wie der Lateiner sagt!«

»Brutal! Das klingt aber alles gar nimmer arg christlich ...«

»... was es in Wirklichkeit auch nie gewesen ist! Das ist letzten Endes doch bei denen wie bei all diesen Vereinigungen: Da schließen sich ein paar Leute zusammen, die furchtbar tolle Sprüche draufhaben und auch eine echte Begabung mitbringen, die Menschen in ihren Bann zu ziehen. In Wahrheit geht es denen aber immer nur um die Kohle. Und die Kohle, die bringen dann irgendwelche armen Irren auf, die den Brüdern und ihren Sprüchen auf den Leim gehen. Und die wiederum, die sichern sich mit einem Teil des Geldes über Beziehungen wieder gesellschaftlich ab, dass ihnen keiner an den Karren fährt, so einfach ist das ...«

»Perfide! Aber erwischen tut ihr eben keinen!«, gab Claudia zu bedenken.

»Kunststück! Sag ich ja grade! Die sichern sich schon gut ab mit einem genauso teuren wie raffinierten Beziehungsgeflecht bis nach ganz oben hinein! Mehr muss ich dazu ja wohl nicht mehr sagen, oder? Und deshalb können wir auch fast nie einen am Kragen packen, denn da werden sofort sämtliche Schutzschilde aktiviert. Mechanismen werden da in Gang gesetzt, ich sag's dir! Vielleicht ist es ganz gut, dass wir darüber nicht genauer Bescheid wissen ...« Horst holte tief Atem, bevor er weitersprach. »Und wenn schon einmal solch eine Organisation hochgegangen ist, dann nur deshalb, weil sie das Spiel überzogen hat. Zu viel Geld, das lässt dann den einen oder anderen eben ausflippen. Aber selbst dann noch wird es ungeheuer schwer, an die Hintermänner ranzukommen. Dann werden halt ein paar Figuren geopfert. Die wissen ganz genau, dass es für sie ratsam ist, nicht allzu viel auszusagen, denn dann ist die Geschichte mit ein paar Jahren Knast ausgestanden und vorbei. Guck doch mal auf diesen Flowtex-Skandal, das ist ja wirklich einer, und zwar in mindestens doppelter Hinsicht. Was da alles an Connections so durchsickert und doch wieder irgendwie stecken bleibt, das spricht doch Bände! Das ist im Übrigen der Beweis, dass ich mit meiner These nicht so ganz daneben liege! Jeder weiß, dass es so ist, aber es wird in hundert Jahren nicht gelingen, die Affäre voll und ganz aufzuklären, weil es nämlich einfach nicht erwünscht ist! Ich sage nur noch Leuna-Akten, und was die damals beim Übergang von Kohl zu Schröder im Bundeskanzleramt an Daten und Akten vernichtet haben! Da siehst du doch, wo man eigentlich ansetzen müsste und weshalb es unten bei uns aus der regionalen Ebene gar nicht weitergehen kann! Immer wieder komme ich zum gleichen Ergebnis: Der Fisch stinkt vom Kopf her! Leider.« Horst machte eine erschöpfte Pause und lehnte sich mit geschlossenen Augen auf dem Sofa zurück.

Claudia nickte nachdenklich. »Puh! Du kannst einem ja regelrecht Angst machen – und hast zu allem

Überfluss leider auch noch Recht! Aber was denkst du, gibt es gibt eine Chance herauszubekommen, ob dieser ›Heilige Franz‹ tatsächlich Mitglied bei Mysterium Christi gewesen ist?«

»Aber sicher«, gab Horst mit immer noch geschlossenen Augen zurück. »Ich werde gleich morgen die Kollegen in Heilbronn anrufen. Denen brauche ich eigentlich nur die Sache mit dem Ring zu erzählen, weißt du, so ein achteckiger, den der Kohlmüller unserer Nina gezeigt hat. Wenn der so einen besessen hat, dann war er Mitglied. Und das werden sie herausfinden, da bin ich mir ganz sicher!«

Kapitel XXVII

Mit unsicherem Schritt näherte sich der Mann dem Telefonapparat, der auf einem kleinen Schränkchen im nahezu völlig dunklen Flur abgestellt war. Er atmete schwer und stoßweise, wischte sich die schweißnassen Hände an seiner Hose ab, bevor er mit zitternden Fingern die Tastatur des Telefons berührte.

Sein Zeigefinger zuckte augenblicklich zurück, als habe er einen Stromschlag erlitten. »Nein, ich kann das nicht!«, murmelte er verzweifelt, fast schon weinend, in die Dunkelheit hinein.

Der Mann stützte sich an der Wand ab und schloss erschöpft die Augen. »Ich muss aber, ich muss es können!«

Er krallte die Nägel in die Raufasertapete und wandte den Kopf nach oben. »Bitte, lieber Gott! Bitte lass mich die Kraft haben! Lass es mich tun!«

Wieder konzentrierte er sich, nahm die letzte Kraft und seinen ganzen Willen zusammen. Wieder schweißnasse Handflächen, die kaum, dass er sie an der Hose abgetrocknet hatte, sich von neuem kalt und feucht anfühlten.

Langsam nahm er mit der Linken den Hörer von der Gabel, während der Zeigefinger der rechten Hand unsicher über der Tastatur zu zittern begann.

»Ich muss, ich muss, ich muss!«, stieß er mühsam zwischen den zusammengepressten Zähnen hervor.

Langsam drückte er die Tasten. Eins, noch mal die Eins und dann, er zögerte kurz, die Null: 110!

Die Notrufnummer!

Es knackte in der Leitung, die Verbindung wurde aufgebaut.

»Polizeidirektion Heilbronn!« meldete sich die Stimme des diensthabenden Polizeibeamten.

Als habe er auf dieses Stichwort gewartet, sackte der Mann in sich zusammen, Tränen schossen aus seinen Augen. »Ich kann das nicht!«, schluchzte er verzweifelt. »Ich kann das einfach nicht!«

»Hallo! Hallo, wer ist denn da?«, kam es genervt vom anderen Ende der Leitung zurück.

Zitternd nahm der Mann den Telefonhörer und legte ihn mit leisem Knacken zurück auf den Apparat. Dann versank er im Meer der Enttäuschung und Verzweiflung.

Kapitel XXVIII

»Einen wunderschönen Guten Morgen aber auch!« Das
Bebele strahlte über alle sprichwörtlichen vier Backen,
als sie an diesem sonnendurchfluteten Morgen das Wohnzimmer des Blockhauses betrat, in dem die Meyers ihr
Frühstück gerade in vollen Zügen genossen. »Ah, und
was sehen meine entzückten Augen, frische Croissants
– und knusprige noch dazu!« Uschi hatte sich wie selbstverständlich eines der Hörnchen gegriffen, die in einem Körbchen auf dem appetitlich gedeckten Frühstückstisch lagen.

»Herzlich willkommen zurück unter den Lebenden!« Horst musterte das Bebele aufmerksam. Erstaunlich! Keine Spur mehr von dem schweren Allergiean-
fall, dem Uschi vor noch nicht einmal 24 Stunden zum
Opfer gefallen war! Das hieß, doch: An den deutlich
rotgefärbten Nasenflügeln ließ sich zumindest noch die
Tatsache ablesen, dass das Riechorgan eine zentrale
Rolle in dem ganzen Drama gespielt haben musste!

»Danke!« wurgste die hingebungsvoll kauende
Uschi mit vollem Mund zurück.

Ärgerlich wischte sich Horst den feuchten Croissant-
krümel vom T-Shirt, der im Moment der Antwort dem
Mund des Bebele entfleucht war. »Sauerei aber auch!«

»Was meinst du, Kollege?!« Fröhlich grinsend donnerte der Sputnik seine tonnenschwere Pranke auf die
Schulter seines Freundes. »Nicht so gut drauf heute,
was?«

239

»Na, das freut mich aber, dass es dir wieder gut geht, Uschi!«, sprang Claudia geistesgegenwärtig in die Bresche. »Alles wieder in Ordnung mit dir?«

»Alles wieder im grünen Bereich«, mampfte die Gefragte munter weiter. »Nur einen Mordshunger habe ich jetzt. Logisch, ich hab ja seit anderthalb Tagen nichts mehr gegessen!«

»Sieht man aber gar nicht«, konnte sich Horst die Replik in Anspielung auf deren Leibesfülle nicht verkneifen.

»Du – sei bloß vorsichtig!«, drohte das Bebele frohgemut mit dem Zeigefinger. »Sonst vernasche ich dich noch zum Nachtisch, du halbe Portion!«

Das nächste Geschoss aus ihrem Mund hatte sein Ziel gefunden und landete auf dem Teller von Fabian, dem angesichts der Ungeheuerlichkeit, die ihm da gerade widerfahren war, der Bissen im Mund förmlich stecken blieb. »Pfui Teufel! Das ist ja widerlich!«, fuhr er hoch, um mit zornigen Schritten den Raum zu verlassen.

»Was für eine Laus ist dem denn über die Leber gelaufen?«, erkundigte sich Protnik erstaunt. »Soll ich mal nachgucken?«, erbot er sich freundschaftlich.

»Nein, nein! Lass mal! Das mache ich schon!«, wehrte Claudia ab, die für den Fall des Falles noch Schlimmeres befürchtete. »Kommst du gleich mit, Nina? Ja?«

Sie streckte den Arm aus und nahm ihre Tochter an der Hand. Gemeinsam begaben sie sich auf die Suche nach Fabian.

»Und jetzt eine gute Tasse Kaffee, das wäre doch was, nicht wahr Uschi?«, grinste der Sputnik, während er sich suchend auf dem Frühstückstisch umschaute. »Wo steht denn die Kaffeekanne?«

»In der Küche!«, freute sich Horst auf das enttäuschte Gesicht, das der andere gleich machen würde.

»Ach so! Ihr habt frischen gemacht! Auch recht!« Protnik erhob sich und schlurfte zur Küche hinüber. Kurze Zeit später kam, was kommen musste. »Aber da ist ja gar kein Kaffee drin! Die Kanne ist ja leer!«

»Na, so was!«, grinste Horst frech in Richtung Bebele. »Da haben wir als alte Teetrinker doch glatt vergessen, für euch Kaffee zu machen!«

»Und wo steht das Kaffeepulver?«, tönte es aus der Küche.

»Keine Ahnung! Ist, glaube ich, gar keines da!« gab Horst mit Unschuldsmiene zurück.

»Wie, keines da?« Die Aufregung in der Stimme des anderen hatte deutlich zugenommen.

»Aber ihr ward doch vorhin beim Bäcker!«

»Ja eben! Beim Bäcker! Brötchen holen!«

»Mist!« Missmutig schlurfte der Sputnik zurück ins Wohnzimmer und bedachte den Kollegen mit einem strengen Blick. »Das hättest du dir aber auch denken können, dass ich keinen Schwarztee trinke! Hab ich ja noch nie gemacht!«

»Einmal fängt jeder an ...«, weidete sich Horst am Unglück des anderen. »Aber sag mal: du hast doch sicher dein Handy dabei, oder?«

241

»Ja, natürlich!« Verwirrt zog Protnik das Handy aus der Tasche und unterzog die Tastatur einer eingehenden Untersuchung. »Soll ich jetzt etwa telefonisch Kaffee bestellen, oder was?«

»Nein, du sollst Tee trinken! Habe ich doch schon mal gesagt! Dein Handy brauche ich mal kurz. Ich muss schnell bei den Kollegen in Heilbronn anrufen, verstehst du!«

»Aber du hast doch selber so ein Teil. Ein Diensthandy sogar!«, maulte Protnik, dem die Petersilie an diesem plötzlich gar nicht mehr so strahlenden Vormittag nun eh schon verhagelt war.

»Das werde ich grade noch in den Urlaub mitnehmen! Nein danke!«, schüttelte Horst den Kopf. »Und privat will ich mir so ein Ding gar nicht erst anschaffen! Immer und überall erreichbar zu sein: Eine Horrorvision!«

»So weit unser Kommentar von einem unserer vorgestrigen Zeitgenossen«, schallte es aus Protniks Richtung belustigt herüber. »Aber bitte. Hier hast Du es! Worum geht's denn eigentlich?«

»Wirst du gleich hören«, winkte der Gefragte ab und wählte anschließend die Nummer der Polizeidirektion. »Hall? Ja, hier ist Meyer, Horst Meyer. Könnten sie mich bitte einmal mit dem Kollegen Strüber verbinden? Danke!« Es vergingen einige Sekunden, während Horst mit gespannter Miene darauf wartete, dass die Verbindung zustande kam. »Hoffentlich ist der im Haus. Hallo? Ja! Hallo, Rolf! Hier ist der Horst,

Horst Meyer, ja! Ja, ich bin eigentlich im Urlaub. Doch! Aber ich habe da gestern in der Zeitung die Todesanzeige gesehen, von diesem Kritter. An dem seid ihr doch noch im Frühjahr drangewesen. Ja! Was sagst du? Komische Geschichte? Stimmt! Sehe ich auch so. Du, kannst du mir in dieser Hinsicht einen Gefallen tun? Toll! Kannst du für mich herausfinden, ob der Tote einen achteckigen Ring getragen hat. Normalerweise müsste der an seinem linken Mittelfinger gesteckt haben! Ja, achteckig! Nein, ist schon gut, ich bleibe so lange in der Leitung ...« Horst sandte einen wichtigen Blick in Richtung Protnik und Uschi, die das Telefonat mit wachsender Verwirrung verfolgt hatten.

»He, das wird aber schweineteuer! Jetzt ist die teuerste Zeit zum Telefonieren! Und das da ist schließlich mein Privathandy! Ich bin nicht der Aga Khan, falls dir das entgangen sein sollte!«, protestierte der Sputnik, in dessen Kopf der Gebührenzähler offenbar lautstark ratterte.

»Jetzt sei halt nicht so kleinlich«, gab sich Horst gnadenlos. »Du wirst gleich Bauklötze ... Ja? Hallo? Ja, ich bin noch dran! Das ist aber schnell gegangen! Ja, verstehe: Das ist grade das Thema Nummer 1, logisch! Also, was hast du erfahren ...?« Horst lauschte konzentriert und pfiff zum Abschluss leise durch die Zähne. »Das ist ja ein Ding! Donnerwetter! Ja, dann also, vielen Dank, Rolf! Du hast mir sehr geholfen. Ich werfe dir auch einmal wieder einen Stein in den Garten, versprochen!« Damit beendete er – zu Protniks Erleichterung – das Telefonat und starrte einen Augenblick lang regungslos auf die Tischdecke, um seine Gedanken zu sortieren.

Im selben Moment erschien Claudia wieder in der Tür. »Alles in Ordnung!«, lächelte sie. »Ich hab die Kinder zum Eisholen geschickt. Ein Nogger für jeden und schon ist die Welt wieder in Ordnung!«

»Und ich hab grade mit den Kollegen in Heilbronn telefoniert«, deutete der Kommissar auf das Handy, das er immer noch in der Hand hielt. »Das ist eine Mordskiste mittlerweile, das mit dem Kritter!«

»Na sag schon!« Gespannt setzte sich Claudia auf den freien Stuhl neben ihm.

»Also, der Kritter ist nicht etwa im Büro oder zu Hause gestorben, sondern in einem leerstehenden Gebäude im Industriegebiet – im Hawaii«, setzte er bedeutungsvoll noch dazu. »Einen ganzen Tag lang haben sie ihn vermisst, bevor ihn dann jemand dort gefunden hat. Todesursache Herzschlag. Fremdeinwirkung auszuschließen!«

»Tja! Pech! Du hattest wohl schon wieder auf Mord und Totschlag getippt, wie?«, mischte sich das Bebele polemisch in die Debatte.

»Ach was, Uschi! Ganz und gar nicht! Halt dich da erst mal raus, du weißt doch gar nicht, was Sache ist«, zischte der Kommissar unwirsch hinüber. »Also, pass auf. In den örtlichen Zeitungen tobt der Bär, und zwar seit das eine Blättchen, das mit den großen Buchstaben, eine riesige fette Schlagzeile abgesetzt hat: ›Tod beim Sexspiel!‹ Da ist jetzt die Hölle los!«

»Wieso denn ›Tod beim Sexspiel!‹ Ich denke, der war so christlich!«, staunte Claudia.

»Eben! Andererseits möchte ich da nicht unbedingt hinter jede Fassade gucken ... Aber weiter: Die haben also so getan, als habe sich der Kritter da mit irgendeiner Gespielin heimlich getroffen. Du kannst dir vorstellen, wie die das so eindeutig, zweideutig und verklausuliert geschrieben haben, dass denen direkt keiner an den Karren fahren kann. Aber seitdem schlagen die Wogen der Empörung hoch, seitdem die behauptet haben, der Kritter sei in der ersten (sexuellen) Erregung umgekippt.«

»Unglaublich!« murmelte Claudia. »Was man sich so alles aus den Fingern saugen kann! Oder ist doch was dran, was sagen die Kollegen?«

»Mit fast hundertprozentiger Sicherheit kann man das natürlich nicht ausschließen. Aber es kommt noch dicker. Ein anderes Blatt hat gemeint, sich jetzt auch profilieren zu müssen, und die heben auf räuberische Erpressung ab!«

»Wie geht das denn?« Claudia verstand die Welt nicht mehr.

»Ganz einfach – halt dich fest! Kritters Frau hat nämlich ausgesagt, dass sie den Ring vermissen würde, den er an der linken Hand getragen hat, einen achteckigen Ring ... Und schwuppdiwupp, schon hat irgend so ein Schlagzeilenschreiber da herumfantasiert und so ausgedacht, dass der Kritter sich konspirativ mit einem Erpresser getroffen haben könnte – Ostmafia natürlich, das schreibt sich schließlich immer ganz hervorragend – und der habe dann, als der Kritter vor lauter Aufregung über den Jordan gegangen ist, wenigstens noch den wertvollen Ring für sich gerettet. Und auf und davon in Richtung Sibirien ...«

»Unglaublich!« Claudia war nahezu sprachlos. »Und was bleibt jetzt unter dem Strich übrig?«

»Tja, das ist so eine Sache«, fuhr sich Horst nachdenklich über das Kinn. »Also diese ›Mysterium Christi‹-Brüder werden mir immer suspekter, besonders ihr angebliches geistliches Oberhaupt, unser Weinhändler da. Der saust ja auch den ganzen Tag über – und noch die halbe Nacht – in der Weltgeschichte herum: Mal als Weinhändler, dann wieder als Prediger und ich weiß nicht als was sonst noch so alles! Die Sache wird immer verrückter und irgendwie habe ich das komische Gefühl, dass da jemand bald vollkommen ausrasten wird! Weißt du was?« Horst reckte seinen Kopf in die Höhe und blickte Claudia entschlossen in die Augen: »Ich bin felsenfest davon überzeugt, dass der Kohlmüller mit da drinsteckt! Und dass wir den fehlenden Ring finden werden. In Kohlmüllers Campingwagen!«

»Glaubst du wirklich?« staunte Claudia.

»Hundertprozentig!«, bestätigte der Kommissar. »Allerdings nur noch, wenn wir nicht allzu lange zuwarten, bevor er ihn anderswo verstecken wird!«

»Der wirft ihn doch einfach in einen Fluss und basta!«, meldete sich Protnik wieder zu Wort.

Horst schüttelte entschieden den Kopf. »Das wird der nicht tun! Das wird er nicht wagen! Denn so ein Ring, das ist eine Art Heiligtum! Und bei allen krummen Touren, die da vielleicht reiten, nein, das traut der sich nie und nimmer!«

Ein anerkennender Augenaufschlag des Kollegen bestärkte Horst in seinem Vorsatz. »Michael, ich brauch noch mal dein Handy! Jetzt sind die Kollegen in Tauberbischofsheim an der Reihe!«

»Tauberbischofsheim? Wieso das denn?!«

»Weil Creglingen zum Main-Tauber-Kreis gehört! Und da ist dann die Kripo in Tauberbischofsheim zuständig. Du hast die Telefonnummer von denen wohl auch nicht parat?«

»Natürlich nicht! Woher denn auch?«, knurrte der Handybesitzer säuerlich.

»Hätte ja sein können! Aber gut, dann gehe ich halt über die Auskunft!«

Protnik stöhnte laut auf: »Was das alles kostet!«

Horst winkte mit einem überlegenen Lächeln ab, während er auf dem Display des Telefons nach der Vermittlung suchte. »Dafür spendiere ich dir auch wieder mal ein Weizenbier ...«

Kapitel XXIX

Es war kurz vor halb zwölf an diesem Vormittag, als Horst, begleitet von zwei Kriminalbeamten aus Tauberbischofsheim, auf dem Parkplatz des Campingplatzes an der »Alten Brechscheuer« aus dem Wagen stieg.

»Hier geht's lang!«, deutete er vor sich auf den Weg zu Kohlmüllers großem Wohnwagen.

»Und sie sind sich ganz sicher, Kollege, dass wir da richtig sind?«, bedachte der eine der beiden Tauberbischofsheimer den Heilbronner Kommissar mit einem skeptischen Blick.

»Ganz sicher!«, nickte der kurz und entschieden, während er energisch vorwärts schritt. Jetzt hatten sie diese Geschichte doch schon hundert Mal durchgekaut und er hatte den anderen mehr als einmal versichert, dass er alles auf seine Kappe nehmen würde, wenn da etwas dementsprechend zu tun wäre ... Klar, auch andersrum wurde ein Schuh draus! Er konnte sich durchaus lebhaft vorstellen, wer sich den Erfolg auf die Fahnen heften würde, wenn sie heute Mittag hier in Creglingen den großen Coup landeten! Aber egal!

»Das ist es!«, nickte er zu dem großen Wohnwagen hinüber, der breit und protzig auf dem Gelände stand.

»Das ist ja ein Mega-Ding, das Teil da!«, staunte der jüngere Kollege Bauklötze. »Das muss ja ein Vermögen kosten!«

»Kleinigkeit für diese Herrschaften! Oder Peanuts, wie man sich ja heutzutage ausdrückt!«, entgegnete

Horst, der merkte, wie einfach es mit Hilfe von Äußerlichkeiten doch war, sich rasch und eindeutig gebieterischen Respekt zu verschaffen. Ob mit Hilfe eines dunklen Boss-Anzuges, mit einem Pate-Philippe-Chronometer am Handgelenk, mit einem S-Klasse Mercedes, einem diamantbesetzten Ring oder einem riesigen chromglänzenden Wohnwagen: Die Insignien der Macht beeindruckten immer durch dieselbe Botschaft, die da Luxus lautete. Egal wes Geistes Kind sich dahinter in Wirklichkeit versteckte! »Das bisschen Geld für diese Konservenbüchse hier haben die schnell beisammen gehabt. Ein bisschen Tränendrüse, ein schönes Geschichtle über die armen hungernden Waisenkinder im Gelobten Land, und schon ist der Käse gegessen!«, beschrieb er bitter die ewig gleichen Mechanismen, mit denen das schlechte Gewissen und die Hilfsbereitschaft vieler Menschen immer wieder aufs Neue brutal für egoistische Zwecke ausgebeutet wurden.

»Na, na, Kollege! Wer wird denn so zynisch daherkommen?«, versuchte der ältere der Polizisten ihn in die Schranken zu verweisen.

Zu einem weiteren Wortwechsel kam es nicht mehr, denn im selben Moment tauchte das feiste dunkelrote Gesicht des Predigers hinter der Gardine der Eingangstür auf und musterte die Neuankömmlinge überrascht. Oder hatte Horst da sogar Erschrecken in den Gesichtszügen des anderen entdeckt? Wenn ja, nun, dann hatte der Frömmler aber innerhalb von Sekundenbruchteilen schon wieder seine Selbstbeherrschung gefunden.

Die Tür wurde von innen geöffnet und Kohlmüller kam ihnen mit breitem Grinsen entgegen. »So eine Überraschung aber auch! Der Herr Meyer hier bei mir, und dazu noch freiwillig! Es geschehen halt doch noch Zeichen und Wunder!« Ein spöttisches Lächeln – oder war es doch nur diese ewig freundliche Grimasse – huschte über seine Miene. Er hob die Arme in die Höhe und begann laut zu deklamieren: »Es sind die Reiche der Welt unsres Herrn und seines Christus geworden und er wird regieren von Ewigkeit zu Ewigkeit. Wir danken dir, Herr, allmächtiger Gott, der du bist und der du warst, dass du hast an dich genommen deine große Macht und herrschest!«

Während der jüngere Polizist mit vor Staunen heruntergeklapptem Unterkiefer die aus heiterem Himmel über sie gekommene Predigt verfolgte, räusperte sich Horst laut und vernehmlich. »Herr Kohlmüller! Herr Kohlmüller, bitte! Wir sind nicht gekommen, um uns mit ihnen über Bibelzitate zu unterhalten!«

Der Prediger verstummte und senkte langsam die Arme. Der ärgerliche Blick aus seinen eiskalten Augen ließ Horst frösteln. Und das mitten im Hochsommer! »Die Worte des Herrn bedürfen keiner besonderen Zeitvereinbarung!«, zischte er scharf in Richtung des Ungläubigen.

»Ja gut! Aber wie auch immer ...« Wie sollte er nur beginnen? Doch glücklicherweise sprang ihm nun der zweite Polizist hilfreich zur Seite.

»Sie sind also der Herr Kohlmüller? Siegfried Kohlmüller, nicht wahr?«, fragte er mit amtlicher Stimme nach den Personalien.

»So ist es«, bestätigte Kohlmüller in für seine Verhältnisse einigermaßen unsicherem Tonfall. »Und mit wem zu sprechen habe ich die Ehre?«

»Mein Name ist Beck, Erhard Beck, und das ist mein Kollege Oswald Sommer«, deutete er auf seinen Begleiter. »Polizeidirektion Tauberbischofsheim! Hier bitte, unsere Legitimation!« Er zückte seinen grünen Dienstausweis und hielt ihn dem überraschten Prediger vor die Augen.

»Oh!« Kohlmüller schien fieberhaft zu überlegen. »Polizei! Ja, so eine Überraschung! Da muss ich ja etwas ganz Schlimmes angestellt haben«, verlegte er sich auf die joviale Tour.

»Das hat niemand von uns behauptet«, konterte der Polizist mit Namen Beck genauso kühl wie clever. »Oder gibt es da vielleicht etwas, was sie uns sagen wollen?«

»Natürlich nicht«, lachte Kohlmüller gezwungen. »Nicht im mindesten. Schließlich bin ich ja, genau wie sie letzten Endes, auch in erster Linie damit beschäftigt, irregeleitete Seelen auf den rechten Pfad der Tugend zurückzuführen! Und das ist Arbeit mehr als genug, das kann ich ihnen sagen!«

»Na dann«, Beck deutete mit einer leichten Kopfbewegung zu Horst hinüber. »Unser Kollege Meyer übrigens ist im Hauptberuf ebenfalls bei der Polizei. In Heilbronn!«

Falls diese Eröffnung den anderen in irgendeiner Form überrascht haben sollte, dann ließ er es sich zumindest nicht anmerken, nicht im Geringsten sogar. »Also ist das hier so eine Art polizeilicher Betriebsausflug!«, lächelte er dünn. »Auch nicht schlecht!«

»Also das wäre zwar schön, trifft sich aber leider nicht ganz mit den Tatsachen! Ja, dann ...«, offenbar war sich Beck im Augenblick nicht sicher, wie er die Vernehmung weiter gestalten sollte.

»Um auf den Punkt zu kommen, Herr Kohlmüller!«, ergriff nunmehr Horst die Initiative. »Wir hätten da ein paar Fragen an sie!«

»Fragen ... Soso ...«, nachdenklich musterte der Prediger die vor ihm stehenden Polizisten.

»Ja, Fragen! Dürfen wir zu ihnen hereinkommen?«

»Aber natürlich!«, kam nun wieder Leben in den Besitzer des Wohnwagens zurück. »Bitte schön! Ich darf doch vorangehen!«

»Also«, knüpfte Horst einige Augenblicke später wieder den Gesprächsfaden, nachdem sie sich im Wohnraum des Campingwagens auf die mit dickem Plüsch bezogenen Sessel niedergelassen hatten. »Es geht um ihre Vereinigung und um einige Fragen, die uns dazu bewegen ...«

»Vereinigung!« schnaubte Kohlmüller ärgerlich. »Sie reden von ›Mysterium Christi‹! Ein Zusammenschluss von gläubigen und tiefreligiösen Menschen aus allen sozialen Schichten«, setzte er für die Polizisten aus Tauberbischofsheim erklärend hinzu. »Wenn sie uns vielleicht auch einmal besuchen ...«

252

»Herr Kohlmüller, es ist jetzt nicht die Zeit zum Missionieren«, unterbrach ihn Horst mit deutlicher Schärfe, was ihm erstaunte Blicke von Seiten der beiden anderen einbrachte. »Also, das ›Mysterium Christi‹ – in Gottes Namen! Sie haben vielleicht schon von der bedauerlichen Tatsache gehört, dass ein weiteres ihrer Mitglieder unter tragischen Umständen ums Leben gekommen ist ...« Forschend schaute er dem anderen in die Augen. Doch der ließ sich nicht die geringste Überraschung über die unvermittelt überbrachte Todesnachricht anmerken.

»Ja, sicherlich! Der arme Bruder Franz! Ein schwerer Schicksalsschlag für seine Familie – und für uns! Wir werden ihn am morgigen Tag mit Würde auf seinem letzten Weg begleiten ...« Er faltete fromm die Hände und schien ein unhörbares Gebet für die arme Seele des Dahingeschiedenen zu murmeln.

»Ein schwerer Schicksalsschlag, das glaube ich. Zumal der Herr Kritter ja keine ganz so unbedeutende Rolle in ihrer Vereinigung eingenommen hat, nicht wahr?«, näherte sich Horst vorsichtig dem Kern der Fragerunde.

»Wie meinen sie das?«, stellte sich der Gefragte ahnungslos. »Bei uns ist jedes Mitglied gleich wichtig oder unwichtig. Der Herr spricht: was du getan hast deinem geringsten Bruder ...«

»Schon gut, Herr Kohlmüller! Dann muss ich eben konkreter werden, damit wir uns besser verstehen können!«, wurde er ärgerlich von Horst unterbrochen. Der Kerl war wirklich eine glatte Zumutung!

»Ich bitte darum!«, gab der in ungewohnter Schärfe zurück.

Aha! Hatte der Kommissar also doch den Finger auf die richtige Wunde gelegt? »Der Herr Kritter war innerhalb ihrer Organisation doch so etwas wie der Finanzminister, wenn ich mich nicht täusche?«

»Ja! War er! Seit ungefähr einem halben Jahr! Und weiter?«

»Und damit war er der Nachfolger des Herrn Rümmele, der im letzten Spätherbst unter so merkwürdigen Umständen Selbstmord begangen hat«, bohrte Horst langsam weiter.

»Merkwürdige Umstände! Was denn für merkwürdige Umstände?« Kohlmüller war erregt aufgesprungen und funkelte den Kommissar böse an. »Der arme Mann hat Selbstmord begangen, weil er an schweren Depressionen gelitten hat! Und das schon seit Jahren! Das hat sein Arzt doch damals einwandfrei bestätigt! Eine tragische Kurzschlusshandlung! Aber sagen sie einmal: Was soll eigentlich diese ganze Fragerei? Worauf wollen sie denn hinaus? Legen sie doch ganz einfach die Fakten auf den Tisch und fragen sie das, was sie in Wirklichkeit wissen wollen! Und dann bekommen sie von mir die dementsprechende Antwort! So einfach ist das!« Er verschränkte die Arme vor der Brust und schaute düster in die Runde. »Im Übrigen würde auch mich einmal eine Frage interessieren ...«

»Fragen sie nur!«, forderte Beck ihn auf, dem die Situation nun doch sichtlich unangenehm geworden war.

»Haben sie eigentlich für das, was sie hier tun, eine staatsanwaltliche Erlaubnis? Einen Durchsuchungsbefehl oder so etwas in der Art?« Kohlmüller lächelte zynisch. Der war aber wirklich mit allen Wassern gewaschen, das musste ihm der Neid lassen!

»Nein, das haben wir nicht ...«, räumte Beck kleinlaut ein.

»Brauchen wir auch gar nicht«, fuhr Horst rüde dazwischen. »Wir haben sie lediglich gebeten, ein paar Fragen zu beantworten und sie haben uns dieses ausdrücklich gestattet. Das mit dem Durchsuchungsbefehl, das kann ja dann immer noch kommen«, packte er den dicken Knüppel drohend aus dem Sack. »Und wenn sie uns nicht antworten wollen ... Ja dann ...«, er machte eine wegwerfende Handbewegung. »Dann werden sie halt demnächst eine Vorladung bekommen, nach Heilbronn in die Polizeidirektion. So einfach ist das ...«

»Lassen wir doch die Kindereien!« Kohlmüller setzte sich wieder und sah Horst mit festem Blick in die Augen. »Also, Herr Meyer. Ganz konkret: Was wollen sie von mir wissen?«

Wieder lief eine Gänsehaut den Rücken des Kommissars hinunter, als ihn der andere ins Visier seiner eiskalten stahlblauen Augen nahm. Er straffte den Oberkörper und räusperte sich: »Gut, dann hätte ich gerne eine Antwort auf die Frage, wann sie, Herr Kohlmüller, den Herrn Kritter zum letzten Mal gesehen haben!«

Die Frage schwang wie eine Keule in der Stille des Wohnwagens hin und her. Die Sekunden verrannen, kein Geräusch war zu hören. Langsam senkte der Prediger den Kopf, bevor er mit heiserer Stimme antwortete:

»Vor drei Tagen!«

Überrascht fuhren die anderen auf und starrten auf den schwarzgekleideten Mann, der seit seiner erstaunlichen Aussage regungslos auf dem Stuhl hockte und schweigend zu Boden starrte.

»Vor drei Tagen!«, wiederholte Horst. Seine Gedanken rasten. »Also genau an dem Tag, an dem der Herr Kritter gestorben ist! Richtig?«

»Richtig!« Immer noch bewegte der Prediger sich nicht.

»Und sie waren nicht zufällig an diesem Tag auch im Hawaii, wie man diesen Teil des Heilbronner Industriegebiets nennt?«, tastete sich Horst weiter vorsichtig heran.

»Doch! War ich!«

»Eventuell zeitgleich mit Herrn Kritter? Im selben Raum?«

Jetzt wurde es wirklich spannend! »Ja!«

Die entscheidende Frage: »Das heißt, sie waren zum Zeitpunkt seines Todes anwesend?«

»Ja!«

»Allein?«

»Allein!«

»Und sie können uns auch sagen, woran der Herr Kritter gestorben ist? Sie haben da sicher eine Vermutung – oder gar eine Erklärung?«

»Herzversagen!« Langsam bewegte sich der Kopf des Predigers wieder nach oben. War die Verzweiflung, die seinen Blick verschleierte, echt oder nur gut gespielt? Horst war sich in Anbetracht der zahlreichen Verwandlungen, die er an diesem Mann schon erlebt hatte, nicht sicher in seiner Beurteilung.

»Herzversagen!« wiederholte der Kommissar. »Und der Grund? Haben sie eine Ahnung, was ihn denn so erregt haben könnte?«

»Der Grund!« Kohlmüller strich sich mit beiden Händen müde über das Gesicht. »Tja, wie soll ich es ihnen sagen ...« Er machte eine lange Pause, während der er innerlich nach Worten zu ringen schien. Dann ging ein Ruck durch seinen Körper. Wieder ganz der Alte!

Horst durchzuckte die bittere Erkenntnis, dass sie verloren hatten. Er hatte sich wieder in der Gewalt! Eindeutig! Keine Spur mehr von dem Häufchen Elend, das da in die Enge getrieben vor ihnen kauerte!

»Wissen sie«, begann Kohlmüller mit ernster Miene. »Es hat da in den letzten Monaten einige Vorkommnisse gegeben ...« Wieder unterbrach er sich bedeutungsschwanger. »Nach dem tragischen Ende unseres lieben Friedrich Rümmele habe ja bekanntlich ich selbst neben meinen eigentlichen Aufgaben als spirituelles Oberhaupt unseres ›Mysterium Christi‹ sozusagen kommissarisch auch noch die Finanzverwaltung übernommen, bis sich dann immer stärker der Bruder Franz Kritter mir geradezu, ja doch, geradezu aufgedrängt

hat!« Er nickte ernst. »So war das! Aufgedrängt! Ich
dürfe mir nicht zu viele Aufgaben aufladen, die spirituelle Leitung sei schließlich wichtiger als alles andere.
Er müsse mir hilfreich zur Seite stehen und wolle gerne
seinen Teil für das Fortkommen unseres ›Mysterium
Christi‹ uneigennützig beitragen. Zumal ja schon seit
mehreren Jahren die gesamten Abrechnungen und
Finanztransaktionen über die Software seiner Firma,
also Mega-Data, liefen!«

Beim Stichwort »Finanztransaktionen« hatte Horst
vielsagend zu den beiden anderen Polizisten hinüber-
geblickt. Viel klarer konnte man es wohl nicht mehr
ausdrücken, was da im Hintergrund wohl ablief! Und
die Größenordnung? Er war sich sicher, dass er diese
im Grund seines Herzens eigentlich gar nicht wissen
wollte ...

»So! Ich habe dann irgendwann nachgegeben und
die finanziellen Geschicke in die Hände von Bruder
Franz gelegt. Nur zwei-, dreimal habe ich eine Aktion
noch eigenhändig getätigt. Ich hatte und habe ja schließlich alle erforderlichen Zugangscodes dafür!«, lächelte
er schwach. »Mit einem Mal ist mir aufgefallen, dass da
nicht alles so verbucht war, wie ich das eigentlich angenommen habe. Da sind plötzlich Buchungsziffern und
Summen aufgetaucht, die an dieser Stelle gar keinen
Sinn ergaben – oder doch: Aber nur dann, wenn man
einer schrecklichen Vermutung nachging!«

Er schüttelte bekümmert den Kopf und rieb sich
müde die Stirn. »Sie ahnen ja nicht, wie mich die Ent-

deckung erschreckt hat. Seit Jahren schon sind erkleckliche Summen von unseren Konten abgeflossen, ohne dass es jemand gemerkt hätte! Das heißt, zwei haben es immer gewusst! Zum einen Friedrich Rümmele und zum anderen Franz Kritter! Das ist dann im Nachhinein die Erklärung für die Frage, die – nicht zuletzt auch bei ihnen in der Heilbronner Polizei«, Kohlmüller lächelte zu Horst hinüber, »immer im Raume stand. Als man sich gefragt hat, wie der Friedrich Rümmele einen derartigen Palast von Autohaus mitten in Heilbronn in bester Lage hinklotzen konnte und wie die Firma Mega-Data einen derartig kometenhaften Aufstieg hinlegen konnte! Alles nur durch Finanzmanipulationen der übelsten Art!«

»Da müssen ja dann aber auch enorme Summe über ihren Tisch fließen, wenn das so ist«, konnte es Horst wieder einmal nicht lassen.

»Womit sie richtig liegen!«, bestätigte der andere zu aller Überraschung. »Aber wie dem auch sei: Rümmele hat sich dann schließlich selbst gerichtet. Ob er dem ungeheuren Druck nicht mehr standhalten konnte, der sich in ihm aufgebaut hatte, oder weil Kritter ihn zu immer weiteren, immer unverschämteren Manipulationen getrieben hat, ich weiß es nicht!«, hob Kohlmüller hilflos die Hände. »Ich weiß nur, dass ich ihn – also Kritter – zwei Mal ganz ernst mit meinem Verdacht konfrontiert habe: Beim ersten Mal noch andeutungsweise, aber dann, beim zweiten Mal, da habe ich ihm heftige Vorhaltungen gemacht wegen seines unglaublichen Verhaltens!« Er schnaufte tief durch, dann hob er den Kopf und blickte ernst durch das Fenster seines Wohnwagens hinaus wie in weite Ferne. »Ja, und in diesem Moment ist der Allmächtige über ihn gekommen und hat ihn gerichtet!«

Das hatte ja noch kommen müssen! Dennoch, eine solche Wendung hätte sich Horst in seinen kühnsten Träumen nicht vorstellen mögen. »Und jetzt kann ihn dummerweise keiner mehr fragen, wer von ihnen beiden Recht hat, nicht wahr?«

Die Köpfe der beiden Kollegen fuhren vorwurfsvoll herum, doch Horst ließ sich nicht beirren. »Ich mache mir da gar keine falschen Illusionen über ihre Denkweise, Herr Kohlmüller. Die Schuldigen stehen – zwangsläufig – fest, mehr ist da, denken sie, auf keinen Fall mehr zu ermitteln! Gut oder auch nicht! Wie man die Sache eben sieht! Nur eine letzte Frage noch: Weshalb haben sie den Ring mitgenommen, den der Tote an seinem linken Mittelfinger getragen hat?«

Kohlmüller, der zum Erstaunen der anderen die direkten Vorhaltungen des Kommissars mit stoischem Schweigen über sich hatte ergehen lassen, wandte langsam den Kopf und fixierte Horst von Neuem: »Weil dieser Ring unser Ring ist!«, sagte er mit fester Stimme.

»Die Ehefrau von Kritter könnte dieses Verhalten als Diebstahl bezeichnen!«, gab Horst zu bedenken. »Denn bezahlt worden ist der Ring ja von Franz Kritter, das weiß ich zuverlässig!«

»Irdische Nebensächlichkeiten!«, schnaubte Kohlmüller böse. »Das ist der Ring der Mitgliedschaft bei ›Mysterium Christi‹! Der Ring des Herrn! Und der gehört zu uns und ist bestimmt für einen neuen Bruder, der sich als hoffentlich würdigerer Träger entpuppt als der fehlgeleitete Luzifer!«

Der Prediger machte alle Anstalten, sich demnächst zu einem unheilschwangeren Monolog aus den düsteren Prophezeiungen des Jesaja aufzuschwingen, so dass die Polizisten sich beeilten, um das Verhör für diesen Tag zu beenden.

»Also dann, Herr Kohlmüller! Wir verabschieden uns! Ich bin mir aber sicher, dass dies nicht unser letztes Zusammentreffen in dieser unerquicklichen Affäre gewesen ist. Sie haben doch sicherlich in nächster Zeit keine längeren Auslandsreisen in Planung? Gut so! Auf Wiedersehen!« Horst beeilte sich, aus der stickigen Atmosphäre des Wohnwagens zu entkommen. Er brauchte jetzt Luft, viel Luft, um seine durcheinander schießenden Gedanken einigermaßen klar strukturieren zu können. »Dich kriege ich noch!«, zischte er böse und marschierte mit schnellen Schritten auf den am Parkplatz abgestellten Dienstwagen zu, ohne sich um die beiden Kollegen zu kümmern, die weitaus gemächlicher hinter ihm drein trotteten.

Kapitel XXX

»Das ist ja wirklich unglaublich!« Protnik fand als Erster seine Sprache wieder, als er am Nachmittag im Wohnzimmer der Blockhütte aus Horsts Mund von dem erstaunlichen Vernehmungsergebnis erfuhr.

Claudia schüttelte fassungslos den Kopf. »Und mit so einem Menschen übernachten wir also praktisch Leinwand an Leinwand auf dem Campingplatz! Furchtbar!«, schickte sie einen besorgten Blick nach draußen, wo die Kinder mit ihren Fahrrädern auf der kleinen Straße vor dem Blockhaus einen mit Kreide aufgezeichneten verschlungenen Parcours nachfuhren. »Ob das in anderen Familien genauso ist, wenn die Ehemänner nicht bei der Polizei arbeiten?«, schaute sie Horst zweifelnd ins Gesicht. Bevor dieser in der Lage war, eine ärgerliche Antwort abzugeben, klingelte Protniks Handy laut und nervtötend. Also war auch der dem Reiz der Melodie erlegen und hatte das Telefonklingeln in irgendein mehr oder minder aggressionsverursachendes Gedudel »umgebeamt«!

Mit verlegenem Grinsen drückte er die grüne Taste. »Protnik! Ja, bitte!« Er horchte kurz und zuckte sichtlich zusammen. Dann horchte er weiter, um einige Sekunden später die Hand mit dem Handy auszustrecken und das Mobiltelefon an Horst weiterzureichen. »Da, bitte! Für dich!«

Erstaunt nahm Horst das Teil in die Hand. Wer um alles in der Welt wollte denn mit ihm Kontakt aufnehmen. Und dann noch über Protniks Handy?! »Die dumme Sau!«, zischte Protnik noch mit deutlich vorwarnendem Unterton zu seinem Kollegen hinüber, und dann brach es, kaum dass sich der mit Namen gemeldet hatte, auch schon über ihn herein!

Am anderen Ende der Leitung tobte der Kriminaldirektion Unterhauser wie ein Rumpelstilzchen! Horsts Intimfeind, auf der Karriereleiter bereits weit in die Spitzen des Landeskriminalamtes vorgedrungen, zog alle Register an Drohungen und Beamtenbeleidigungen, die ein durchschnittlicher bundesdeutscher Amtsrichter jemals im Laufe seines Berufslebens auf dem Schreibtisch nachlesen konnte. Die Rede war von Nötigung, Amtsanmaßung, Beleidigung, Unterstellungen, unberechtigtem Eindringen in anderer Leute Wohnwagen, bis hin zu Erpressung und – fehlte da nicht noch Menschenraub? Horst musste trotz der Kanonade, die da über ihn hereinprasselte, schmunzeln. Der Kerl übertrieb wie immer maßlos! Was musste der unter Druck stehen, wenn er dermaßen loslegte und von äußerster Panik und ungewohnter Entscheidungsfreude getrieben es in Windeseile geschafft hatte, den ihn bis ins Innerste verhassten Horst Meyer an die Strippe zu bekommen! Unglaublich, was da im Hintergrund allem Anschein nach wieder ablief!

»Ja, alles klar! Habe verstanden, Herr Unterhauser!« Damit drückte er den roten »Aus«-Knopf und reichte das Handy seinem Besitzer zurück.

263

»Was war um Gottes willen das denn?«, stammelte Protnik immer noch verwirrt über die Tatsache, dass in seinem sauer verdienten Urlaub die tobende Stimme eines leibhaftigen Kriminaldirektors aus seinem (Privat!)-handy gefahren war!

»Tja, mein Lieber! Da tobt gerade der Bär! Ich habe anscheinend wieder mal in ein Wespennest gestochen, und jetzt haben sie alle Angst, dass sie mit auffliegen können. Das geht offenbar wieder bis nach ganz oben! Und deshalb haben sie jetzt den armen Unterhauser rund gemacht, dass der mir den Mund stopft! Ausgerechnet der«, lachte Horst. »Ich dürfe den Herrn Kohlmüller nie mehr vernehmen – und so schon gar nicht! Hat er gebrüllt und mit arbeitsrechtlichen Konsequenzen gedroht! Hat der mich zur Minna gemacht! Also so hab ich den noch gar nie erlebt – und ich habe den schon ganz, ganz unangenehm erleben dürfen!«

»Mein lieber Schieber!« Protnik schaute kurz auf seine Armbanduhr. »Das ist aber ruck, zuck gegangen. Da war ja grade mal eine Stunde dazwischen! Also, wenn der Kohlmüller sofort irgendeinen Gewährsmann bei uns angerufen hat, dann haben die aber rotiert in der letzten Minuten!«

»Und zwar erfolgreich!«, pflichtete Horst ihm bei. »Gut, ich habe dem Kollegen heute Morgen deine Telefonnummer angegeben, für den Fall des Falles ... aber für den lege ich die Hand ins Feuer! Das heißt«, fügte er nachdenklich hinzu, »das habe ich bis heute eigentlich gedacht – und hoffentlich stimmt es auch noch! Da kannst du es mal wieder sehen – Big Brother is watching you!«

Kapitel XXXI

Während die Runde im Blockhaus eine nachdenkliche Pause einlegte und über die sich geradezu überschlagenden Ereignisse der letzten Stunden räsonierte, machte sich Protniks Handy erneut und unangenehm bemerkbar.

»Dieses verdammte Ding!«, fluchte der gar nicht mehr so stolze Handybesitzer genervt und hielt das Telefon an sein Ohr. »Wie bitte? Wen wollen sie?« Verdutzt richtete er den Blick auf Horst. »Schon wieder für dich – aber ein anderer dieses Mal!«

»Na so was!«, wunderte sich der genauso wie sein Freund und Kollege. »Kommt jetzt die nächste Abreibung – von noch weiter oben?«

Es kam ganz anders! Kaum, dass er sich mit seinem Namen gemeldet hatte, erhielt er die Information, die schlagartig alles aufklärte. Es dauerte keine Minute und das Gespräch war zu Ende. »Ja, vielen Dank, Rolf! Alles verstanden! Klasse reagiert, wirklich!« Horst sprang auf und winkte Protnik zu sich.

»Ich brauch dich jetzt, Michael! Jetzt geht die Geschichte ihrem Ende entgegen! Nein, bleib du bitte bei den Kindern«, sandte er einen bittenden Blick in Richtung Claudia, als er wahrnahm, dass seine Frau ebenfalls Anstalten machte, ihn zu begleiten. »Und du Uschi, du passt mir bitte auf meine drei auf!«

Ohne eine Antwort abzuwarten stürmte er hinaus und startete den Wagen. Mit quietschenden Reifen preschten sie los.

»Jetzt mach aber mal halblang, du Asphaltcowboy!«, schimpfte Protnik lautstark, als Horst das zweite haarscharfe Überholmanöver beendet hatte, das ihnen neben wütenden Hup- und Blinksignalen auch eindeutigen Gesten der zu Tode erschrockenen Autofahrer eingebracht hatte. »Wenn du so weiterfährst, dann landen wir im Leichenschauhaus und nicht dort, wo du eigentlich hin willst! Jetzt sag schon, was war denn da am Telefon?«

»Das war der Kollege, den ich heute Morgen angerufen hatte! Also ist der doch clean!« Horst beschleunigte rasend.

»Mit 130 Sachen durch eine Ortsdurchfahrt! Also wirklich!«, schüttelte Protnik heftig den Kopf. »Wenn sie dich da erwischen, dann brauchst du aber eine verdammt starke Rechtfertigung, Gefahr im Verzug oder so etwas Ähnliches! Sonst hat sich's ausgerast, und zwar für lange!«

»Schwätz nicht!«, brachte Horst den Beifahrer scharf zur Räson. »Es geht jetzt wirklich um alles, denn wenn ich das richtig vermute, dann hat der Maulwurf bei uns den Kohlmüller auch bereits gewarnt ...«

Ein hässliches Pfeifgeräusch ließ Protnik erzittern, als sie mit weit überhöhter Geschwindigkeit um die Kurve schossen. »Verdammt noch mal, Horst, ich möchte den nächsten Sonnenaufgang auch noch erleben! Deine Karre da ist doch kein Rennwagen!« Sputnik war momentan viel mehr mit sich und den (hoffentlich vorhandenen) Fahrkünsten des Kollegen beschäftigt, als mit

267

dem Fall, der Horst zu rennfahrerischen Höchstleistungen trieb.

»Ich pass schon auf! Vor einem Jahr das Sicherheitstraining auf dem Hockenheimring, das war Gold wert!«

»Hoffentlich wissen das auch die anderen und können dann genauso reagieren, wie man das von ihnen erwartet!«, knurrte Protnik, der sich durch diese Aussage alles andere als in Sicherheit wähnte.

»Jetzt hör schon auf mit deinem Gejammer! Es geht wirklich um alles! Sonst ist der Kerl über alle Berge – und das möchte ich nicht erleben müssen!«

»Also, sag schon! Was war jetzt am Telefon?«

»Das war der Hammer! Blödmann! Mach endlich Platz!« Lange und zornig drückte Horst auf die Hupe und schoss an dem Wagen mit seinem erstaunten Fahrzeuglenker vorbei wie eine Gewehrkugel. »Idiot! Und glotzt dann noch blöd aus der Wäsche! Also, wo war ich? Richtig! Da hat heute Morgen jemand die Notrufnummer gewählt. Der Diensthabende hat mit dem Gestammel nicht viel anfangen können, da hat jemand ein paar unverständliche Worte geflüstert und dann, dann war da nur noch Schweigen! Er hat aber den Hörer nicht mehr aufgelegt und deshalb haben sie den Anruf zurückverfolgt, bis zu einer Wohnung in Frankenbach! Jetzt geh halt schon aus dem Weg!« Er drückte wieder heftig auf die Hupe.

»Und was war da?«, fragte Protnik, der beschlossen hatte, sich lieber durch Horsts Erklärung ablenken zu lassen, als in absehbarer Zeit vor Angst und Panik das Bodenblech des Wagens durchzudrücken.

»Da haben sie die Wohnungstür aufgebrochen und da lag neben dem Telefon ein Toter! Der Mann hat sich offensichtlich vergiftet, das geht auch aus einem Abschiedsbrief hervor, den er neben sich liegen hatte. Sieht alles nach wirklichem Selbstmord aus! Und jetzt kommt's: Der Mann bezichtigt sich darin der Mithilfe an einem Mord. Er hätte vor einem Jahr den Autohändler Friedrich Rümmele ermordet.« Horst erhöhte seine Lautstärke: »Und zwar zusammen mit: Halt dich fest! Mit Siegfried Kohlmüller! Der habe finanzielle Manipulationen bei ›Mysterium Christi‹ in Millionenhöhe begangen, habe ihn bestochen, weil er um seine Finanznöte wusste und sei ihm aber nun immer deutlicher bedrohlich näher gekommen! Und jetzt noch die Geschichte mit Kritter, auch da fühle er sich mitschuldig. Er wolle nicht mehr länger weiterleben! Das alles steht in diesem Brief, neben dem übrigens – ein weiterer deutlicher Hinweis – ein achteckiger Ring gelegen hat! Jetzt kommst du!« Triumphierend sah Horst zu Protnik hinüber.

»Nein, da kommt ein Auto!«, rief der mit panikerfüllter Stimme. »Pass doch auf um Himmels willen!«

Horst bremste scharf und schleuderte den Wagen um das unvermittelt aufgetauchte Hindernis herum. »Puh! Das war knapp! Aber es eilt jetzt wirklich! Denn ich bin mir sicher, auch Kohlmüller wird demnächst vorgewarnt, wenn er es nicht schon ist! Da sind wir!«

Mit rauchenden Bremsen und quietschenden Reifen stoppte Horst den Wagen und rannte so schnell er konnte zu Kohlmüllers Wohnwagen auf dem Campingplatz. Die erstaunten Blicke, die ihm von den Touristen zugeworfen wurden, ignorierte er komplett. Jetzt ging es ums Ganze! Na warte!

Die Tür des Campingwagens war sperrangelweit geöffnet! Draußen von Kohlmüller keine Spur! Mit einem entschiedenen Satz stürmte Horst hinein und sah sich hektisch um. Nichts!

»Der ist nicht da, der komische Prediger!«, ließ sich eine Stimme von nebenan vernehmen, als er enttäuscht wieder nach draußen kam. »Der ist vorhin auf und davon, vor ein paar Minuten erst. Und zwar wie von der Tarantel gestochen! Die ganze salbungsvolle Freundlichkeit, mit der einen der Kerl immer genervt hat, die war plötzlich wie weggewischt ...«, rief der Mann Horst hinterher, der von einem plötzlichen Impuls getrieben nun wieder in Richtung Parkplatz rannte.

»Horst, was soll denn das!?« Protnik keuchte mühsam hinter seinem Kollegen her. »Was hast du denn nun wieder vor? Der Vogel ist ausgeflogen! Wir sind zu spät dran!«

Horst schüttelte energisch den Kopf, während er die Fahrertür aufriss. »Von wegen! Ich weiß, wo wir den jetzt kriegen!«

Kapitel XXXII

Wenige Minuten später waren die beiden Kommissare nach einer ebensolchen Höllenfahrt wie kurz zuvor auf dem Parkplatz der Ulrichskapelle in Standorf angekommen. Sorgfältig achteten sie darauf, dass die Türen nicht ins Schloss fielen und näherten sich vorsichtig der allem Anschein nach von keiner Menschenseele besuchten Kapelle, die einsam auf dem Bergrücken über dem Ort lag.

»Entweder er ist da oder woanders!«, deutete Horst auf die Eingangstür des Gotteshauses.

»Logisch«, knurrte Protnik genervt zurück. »Entweder ist er hier oder er ist nicht hier!«

»Warte ab, du wirst schon noch sehen, was ich meine!« Vorsichtig drückte Horst mit der Hand gegen die Tür, die sich jedoch nicht bewegte. »Aha, also ist er offensichtlich nicht hier drinnen!« Er blickte sich um und überlegte kurz. »Dann ist er dort unten bei der Quelle, da bin ich mir ganz sicher! Komm mit!«, winkte er den staunenden Protnik hinter sich her.

Nahezu geräuschlos verfolgten die beiden Polizeibeamten den schmalen Fußweg, der sich vom Friedhof hinunter ins Dorf schlängelte. Schon nach wenigen Metern bemerkten sie eine große dichte Hecke, hinter der gedämpfte Geräusche zu hören waren.

»Na bitte! Sag ich's doch! Jetzt ganz behutsam!« Horst schlich langsam weiter und blieb ein paar Schritte später wieder stehen. »Da, komm!«, winkte er leise

flüsternd Protnik zu sich und deutete mit dem Zeigefinger durch das Gestrüpp nach vorne.

»Das ist er! Jetzt noch zwei, drei Schritte – und dann
stürmen wir vor! O.k.?«

Protnik nickte.

»Also – ich zähle: Eins-zwei-drei!« Mit brachialer
Gewalt durchbrachen die Männer beim Stichwort drei
das Gebüsch und stürmten auf den schwarzgekleideten
Mann hinein, der sich vor einer steinernen Quellfassung
auf den Boden gekniet hatte und mit bloßen Händen
und hektischen Bewegungen die Erde von einem höl-
zernen Deckel kratzte, der gerade zum Vorschein kam.
Erschrocken fuhr der Mann zusammen und duckte sich
unwillkürlich.

»Da schau an, der Herr Kohlmüller! Was haben wir
denn da?« Horsts Herz hämmerte bis zum Hals. Schwer
atmend baute er sich vor dem Prediger auf. »Wie gesagt, Herr Kohlmüller: Am Ende wird zusammenge-
zählt!«

Kohlmüller fasste sich an den Hemdkragen und senkte langsam den Kopf zum Boden: »Da haben sie Recht!
Wenn tausend Jahre zu Ende sind, dann wird der Satan
loswerden aus seinem Gefängnis!«, begann er apathisch
zu deklamieren.

»Ach lassen sie doch jetzt endlich ihr salbungsvolles Geschwätz!«, wurde er von Horst ärgerlich unterbrochen. »Das passt nun weiß Gott nicht so richtig zu
einem Betrüger und Mörder, wie sie sich vielleicht denken können! Und das da«, er deutete auf die im Boden

vergrabene Kiste mit dem Holzdeckel: »Das da sind dann ihre übrigen Millionen, die sie für schlechte Zeiten hier versteckt haben, oder?« Er pfiff anerkennend durch die Zähne. »Kein schlechter Ort für ein solches Versteck – und symbolträchtig: Direkt bei der wundertätigen Ulrichsquelle, unterhalb des mystischen Ortes, wo sie ja ihren Glaubensbrüdern weiß gemacht haben, dass noch ein Teil des Grabtuches hier versteckt sei, das sie ihnen bei passender Gelegenheit präsentieren würden! Ja, sie sehen, ich weiß alles!«, kommentierte er den überraschten Blick, den ihm Kohlmüller bei dieser Bemerkung zugeworfen hatte.

»Das Spiel ist aus, Herr Kohlmüller! Geben sie sich geschlagen!«, baute sich Horst energisch vor dem immer noch am Boden kauernden Prediger auf.

»Kinder, es ist die letzte Stunde«, begann dieser – wie auf ein Stichwort – lautstark zu deklamieren.

»Jetzt ist er vollends hinüber!«, deutete sich Protnik vielsagend an die Stirn. »Plemplem!«

»Und wie ihr gehört habt, dass der Widerchrist kommt, so sind nun schon viele Widerchristen gekommen!«, donnerte Kohlmüller mit immer lauter werdender Stimme in den Wald hinein.

Er richtete den Oberkörper auf und sah Horst fest in die Augen: »Daran erkennen wir, dass die letzte Stunde gekommen ist!« Er verstummte und ein Lächeln umspielte mit einem Mal seine Züge. Dann biss er mit den Zähnen kräftig auf eine Tablette, die er sich offenbar schon vorher in den Mund gesteckt hatte, als die beiden

273

Kommissare auf ihn gestoßen waren. Ein kurzes Knacken und der Mann sackte in sich zusammen.

»Scheiße! Zyankali!« Horst rüttelte heftig an Kohlmüllers Oberkörper. »Mist verfluchter!«

»Lass gut sein, Horst.« Er spürte Protniks Hand beruhigend auf seiner Schulter. »Der hat für den Fall des Falles gut vorgesorgt. Da ist beim besten Willen nichts mehr zu machen!«

»Aber die Hintermänner! Und was ist jetzt mit den Hintermännern?« Horst wollte es einfach nicht wahrhaben!

»Tja, Horst, die Hintermänner!«, zog Protnik sein trauriges Fazit: »Wie schon der Name sagt. Die bleiben im Hintergrund, das war schon immer so!«

ENDE

Liebe Leserinnen, liebe Leser!

Ich hoffe sehr, dass Ihnen dieses Buch, das Sie gerade eben gelesen haben, auch gefallen hat! Dass es spannend, witzig, kritisch und unterhaltsam war!

Ich hoffe dies deshalb, weil es das wichtigste Buch war, das ich bisher geschrieben habe (und das waren dann doch schon einige ...)!

Weshalb verwende ich dieses Wort »wichtig«, das ich eigentlich überhaupt nicht leiden kann?

Schlichtweg deshalb, weil dieser Krimi namens »Tauberschwarz« so etwas wie ein »Schlüsselerlebnis« für mich geworden ist. Als ich die Arbeit an diesem Buch begonnen habe, hätte ich dies nicht im Entferntesten geahnt!

Kurz nachdem ich mit dem Schreiben begonnen hatte, ist es über mich hereingebrochen: Der vorangegangene Krimi, die »Höllenfahrt«, hatte sich zu einer ebensolchen für mich entwickelt! Mein (Haupt-)arbeitgeber, eine nicht ganz unbedeutende Rundfunk- und Fernsehanstalt im deutschen Südwesten hat mich wegen einiger Passagen in diesem fiktiven Roman (und Romane sind immer fiktiv, sonst wären es ja keine Romane!) »an die frische Luft gesetzt«, wie es im gängigen Sprachgebrauch so unschön heißt!

Ich sei da angeblich zu nahe an die Realität geraten - sagte man. Dass ich einen Roman geschrieben hatte, und nichts anderes, hat man nicht zur Kenntnis nehmen wollen. Schade!

Die »Höllenfahrt« hat - auch aus diesem Grund - für viel mehr Furore gesorgt, als ich das jemals für möglich gehalten hätte! Nun gut - oder auch nicht!

Denn es gibt ein Grundrecht auf literarische Freiheit, und die gilt es zu verteidigen! Das ist in meinen Augen eine ganz wichtige Errungenschaft, die es zu wahren gilt. Zumal wir sie erst seit gerade einmal wieder rund 50 Jahren besitzen!

Man habe Organisationen und Menschen in der »Höllenfahrt« eindeutig wiedererkannt! Sie seien in geradezu skandalöser Weise beschrieben worden, hieß es!

Kann literarische Fiktion aber in Wahrheit mit skandalöser Realität identisch sein? »Der Skandal fängt an, wenn die Polizei ihm ein Ende macht.«, hat Ludwig Thoma im Blick auf die Zensur einmal gesagt. Wer den Roman »Höllenfahrt« unbefangen liest, kann sich nirgends und schon garnicht skandalös wiedererkennen.

Beim Schreiben des vorliegenden Buches, das Sie gerade gelesen haben, ist mir der subtile Zwiespalt zwischen literarischer Fiktion und erfundener »Realität«, in der sich jemand wiederzuerkennen wähnt, anhand der aktuellen Situation dann überdeutlich aufgefallen: Denn als Krimiautor schreibe ich über Machenschaften, Verquickungen und »Connections«, die es so hoffentlich nicht gibt und nie gegeben hat!

Auch die Namen und Beschreibungen: Natürlich sind sie alle meiner (mehr oder minder vorhandenen) Fantasie entsprungen. Seien Sie, liebe Leserinnen und Le-

ser, versichert: Da habe ich schon penibel darauf geachtet, dass niemand sich tangiert fühlen könnte. Natürlich gibt es die Namen, ob von Firmen oder Privatpersonen, aber weitab vom Spielort dieses Romans! Personen brauchen Namen und Firmen Bezeichnungen, sonst können sie nicht beschrieben werden. Doch zum wiederholten Male: Sie sind fiktiv, rein zufällig und haben mit der Realität nichts zu tun!

Die Handlung dagegen: Im Ansatz fiktiv, in Wirklichkeit hoffentlich so nie geschehen! Und so ähnlich bitte auch nicht!

In diesem Sinne wünsche ich Ihnen fruchtbare Gedanken.

Ihr
Gunter Haug

PS: ... und seien Sie versichert: »Hotte« macht weiter!!!

Hohenlohe
Tradition und Zukunft

Fordern Sie unsere Prospekte an:

- Radelspaß in Hohenlohe
- Radlerparadies
- Gästemagazin »GUCK MAL!«
- Hohenlohe - Land der Burgen und Schlösser
- Veranstaltungskalender
- Inline Guide Hohenlohe + Breitenauer-See
- Hohenloher Kultursommer
- Wanderpark Kocher + Jagst

Touristikgemeinschaft Hohenlohe
Allee 17 · 74653 Künzelsau
Tel. 07940/18 206 · Fax 07940/18 363
tghohenlohe@hohenlohekreis.de
www.hohenlohe.de

Hohenlohe
UNSER LAND ERLEBEN

SCHWABENKRIMIS IM GMEINER VERLAG

Peter W a r k

Machenschaften

278 Seiten. 11 x 18 cm. Paperback.
ISBN 3-926633-54-9. • 9,90.

Peter W a r k

Versandet

224 Seiten. 11 x 18 cm. Paperback.
ISBN 3-926633-57-3. • 9,90.

»Stadtrat und Unternehmer fällt Mord zum Opfer« lautet die Überschrift, die die Ruhe des in die schwäbische Provinz abgetauchten und Bike-begeisterten Journalisten Jörg Malthaner mit einem Schlag beendet. Tief verwickelt scheint der Kompagnon des toten Software-Unternehmers – und gleichzeitig enger Freund Malthaners –, der seit der Tat spurlos verschwunden ist.
Journalistische Neugier und persönliches Interesse treiben ihn an, in die Vorgeschichte des Falles einzusteigen. Doch je näher er der Lösung kommt, desto gefährlicher werden plötzlich seine über alles geliebten Bike-Touren über die Schwäbische Alb.

Beim Bau einer Sandburg macht Aussteiger Martin Ebel, der seine Stuttgarter Heimat mit der idyllischen Kanareninsel La Palma tauschte, eine grausame Entdeckung: Ein leichenstarrer Arm streckt sich ihm aus dem Ufersand entgegen.
Dass es sich bei der Leiche um einen ehemaligen Bekannten aus dem Schwabenland handelt, ist nicht gerade von Vorteil für ihn. Die spanische Polizei scheint sich immer hartnäckiger darauf zu versteifen, dass der ehemalige Rechtsanwalt und jetzige Aussteiger der ideale Täter ist. Und auch die Inselmafia zeigt plötzlich Interesse am bis dahin harmlosen Individualisten.

SCHWABENKRIMIS IM GMEINER VERLAG

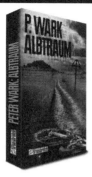

Peter W a r k

Albtraum

285 Seiten. 11 x 18 cm. Paperback.
ISBN 3-926633-45-X. • 9,90.

Ein unbekannter Toter am Stuttgarter Flughafen – Mord. Warum wird gerade der Stuttgarter Journalist Jörg Malthaner von der Polizei an den Tatort gerufen? Der Tote entpuppt sich als Malthaners früherer Schulfreund. Bei eigenen Recherchen in seiner Heimat auf der Schwäbischen Alb, findet er heraus, dass der ehemalige Musterschüler in üble Geschichten verstrickt war und womöglich Geld in Millionenhöhe unterschlagen hat.

Noch ehe es ihm richtig klar wird, gerät Malthaner selbst in die Fänge einer kriminellen Bande.

Candida C. S t a p f

Wasserfälle

250 Seiten. 11 x 18 cm. Paperback.
ISBN 3-926633-56-5. • 9,90.

Diese ganze beschaulich kitschige Urlaubsidylle von Strand und Wasser wird in diesen ganz und gar ungewöhnlichen und gruseligen Geschichten, die am Strand und im Wasser spielen zunichte gemacht.

Mal ist es der langjährige Freund der Familie, der sich auf ein tödliches Techtelmechtel einläßt, mal die beste Freundin, die sich urplötzlich als intrigante Konkurentin entpuppt. Doch die Erkenntnis reift jedes mal genauso überraschend, wie viel zu spät für die Opfer ...

natürlich aus dem
Armin Gmeiner
Verlag

Ehnried-Hof
88605 Meßkirch
Telefon 07575/927790
Telefax 07575/927791
www.gmeiner-verlag.de
info@gmeiner-verlag.de

SCHWABENKRIMIS IM GMEINER VERLAG

Peter W a r k

Machenschaften

Gunter H a u g

Höllenfahrt

*278 Seiten. 11 x 18 cm. Paperback.
ISBN 3-926633-54-9. € 9,90.*

*232 Seiten. 11 x 18 cm. Paperback.
ISBN 3-926633-49-2. € 9,90.*

»Stadtrat und Unternehmer fällt Mord zum Opfer« lautet die Überschrift, die die Ruhe des in die schwäbische Provinz abgetauchten und Bike-begeisterten Journalisten Jörg Malthaner mit einem Schlag beendet. Tief verwickelt scheint der Kompagnon des toten Software-Unternehmers – und gleichzeitig enger Freund Malthaners –, der seit der Tat spurlos verschwunden ist. Journalistische Neugier und persönliches Interesse treiben ihn an, in die Vorgeschichte des Falles einzusteigen. Doch je näher er der Lösung kommt, desto gefährlicher werden plötzlich seine über alles geliebten Bike-Touren über die Schwäbische Alb.

Kommissar Horst »Hotte« Meyer glaubt im falschen Film zu sein. Ausgerechnet bei der Zugfahrt im Regional-Express von Stuttgart nach Tuttlingen widerfährt ihm Merkwürdiges: Er befindet sich in (fast) derselben bedrückenden Situation wie vor knapp zehn Jahren eine junge Frau, die zum rätselhaften Opfer einer Bluttat geworden ist. Und was dem unermüdlichen Ermittler damals viele schlaflose Nächte bescherte, ist plötzlich wieder da. Erinnerungen, die sich vor dem Kommissar auftürmen, der inzwischen selbst regelrecht in der Klemme sitzt.

SCHWABENKRIMIS IM GMEINER VERLAG

Gunter H a u g

Todesstoß

278 Seiten. 11 x 18 cm. Paperback.
ISBN 3-926633-46-8. • 9,90.

Mord beim größten Ritterturnier der Welt! Auf Schloss Kaltenberg zwischen Augsburg und Landsberg ist vor den Augen von zehntausend entsetzten Zuschauern ein heimtückischer Mord geschehen. Und mittendrin im Geschehen: Horst »Hotte« Meyer, der Kommissar aus Heilbronn. Die Spur eigener Recherchen führt ihn in die württembergische Weinszene ins Unterland, wo er üble Machenschaften aufdeckt. Doch der Fall scheint im Sande zu verlaufen, bis er fast ein Jahr später bei einem mittelalterlichen Treiben in Heilbronn auf merkwürdige Bekannte trifft.

Gunter H a u g

Sturmwarnung

219 Seiten. 11 x 18 cm. Paperback.
ISBN 3-926633-43-3. • 9,90.

Bei einem gemeinsamen Tauchgang zum Wrack der im Bodensee gesunkenen »Jura« kommt der Freund des schwäbischen Kommissar Horst Meyer ums Leben. Entgegen der ermittelnden Polizei vor Ort, geht Horst Meyer von einem Verbrechen aus und setzt alles daran, den Fall aufzuklären.
Eine gnadenlose Hetzjagd um den Bodensee beginnt! Und mehr als einmal wird der Jäger zum Gejagten!

natürlich aus dem
Armin Gmeiner
Verlag

Ehnried-Hof
88605 Meßkirch
Telefon 07575/927790
Telefax 07575/927791
www.gmeiner-verlag.de
info@gmeiner-verlag.de

SCHWABENKRIMIS IM GMEINER VERLAG

Gunter H a u g

Tiefenrausch

*221 Seiten. 11 x 18 cm. Paperback.
ISBN 3-926633-41-7. • 9,90.*

Horst »Hotte« Meyer, Kriminalkommissar im Urlaub in Ägypten, glaubt seinen Augen nicht zu trauen: 65 Meter zeigt der Tauchcomputer der verunglückten Taucherin an, die mit allen Anzeichen der Dekokrankheit im letzten Augenblick gerettet wurde. Doch wo ist ihr Tauchpartner? War es ein Unfall, war es Leichtsinn oder Mord?

Gunter H a u g

Spannung pur im Dreierpack

*»Tiefenrausch«, »Riffhaie« und
»Sturmwarnung« im Schuber.
ISBN 3-926633-44-1. • 24,–.*

Holen Sie sich mit diesem besonderen Angebot die gebündelte Spannung ins Haus! Im attraktiv gestalteten Schuber stehen die drei Schwabenkrimis »Tiefenrausch«, »Riffhaie« und »Sturmwarnung« von Gunter Haug immer am rechten Platz.

*natürlich aus dem
Armin Gmeiner
Verlag*

 Ehnried-Hof
88605 Meßkirch
Telefon 07575/927790
Telefax 07575/927791
www.gmeiner-verlag.de
info@gmeiner-verlag.de